わたしの希望があなたを永遠に守る

主の愛に思いを馳せる150の黙想

サラ・ヤング 著
佐藤 知津子 訳

Jesus Today
Sarah Young

いのちのことば社

Published by arrangement with Thomas Nelson,
a division of HarperCollins Christian Publishing, Inc.
through Tuttle-Mori Agency, Inc., Tokyo

この本を、私の甥《おい》のパトリック・アレクサンダー・ケリーにささげます。

甥はその短かい一生を、希望と勇気の精神で生き抜きました。

二十六歳のとき、悪性脳腫瘍《しゆよう》と診断されたパトリックは、メリーランド州ベセスダにあるアメリカ国立衛生研究所の臨床研究被験者として認可され、治療を受けることになりました。そして神の恵みによって病状は寛解し、さらに七年の豊かな人生を与えられたのです。

その間パトリックは、ガンは自分の人生の単なるひとこまにすぎないという大きな希望をもつようになりました。彼はふたたび人生の旅路を歩みはじめ、神の恵みによって、毎日をせいいっぱい生きるようになったのです。

二十九歳のときにジュリーと結婚したパトリックは、その二年後にセシリアを授かりました。彼にとってセシリアは、目の中に入れても痛くないほど愛《いと》しい自慢の娘でした。

三十三歳で脳腫瘍が再発……。パトリックにとってそれは、自分の人生における神の癒《いや》しと恵みの希望をしっかり握りしめられるかどうかへの挑戦でした。

それでも彼は新たな腫瘍に対して、力強く勇敢に、そして平安な心で闘ったのです。

彼は常に自分と家族への神の愛を信じ、よりどころとしていました。妻のジュリーとともに、前方に待ち受けている困難な旅に、信仰をもってしっかりと向かっていけるように、ふたりで毎晩祈りました。

二か月の過酷な化学療法に耐えたあと、パトリックはＭＲＩ検査の結果で、脳には腫瘍がまったく認められないことを告げられたのです。家族も友人も、神がこの勇気ある若者をふたたびガンの束縛から救い出してくださったことを心から喜びました。


ところがその一か月後、突然、深刻な神経障害をともなってガンが再発しました。

二〇一二年一月二十八日、神はパトリックを天の故郷へと召されました。そこで彼は完全な癒しを得たのです。

パトリックは、イエスによる永遠の希望の約束を固く握りしめて、安らかな死を迎えたのでした。

謝辞

本書が生まれるまでには、才気あふれる次のお三方にご尽力いただきました。心より感謝申し上げます。

編集者であり、この本の企画担当のクリス・ベアスには、さまざまな面で、言葉に尽くせないほど助けていただきました。

出版責任者のローラ・ミンチューには、私が執筆を続けられるように温かな励ましと、さすが！とうならされるような独創的なアイデアをいただきました。

また、ギフトブック担当の編集主任リーサ・スティルウェルには、校了に至るまで大変お世話になりました。思わず手に取りたくなるような素敵な本にしてくださってありがとう！

私にとって彼女たちは、仕事を共にしたという以上の大きな存在——大切な、大切な友人なのです。

はじめに

『わたしの希望があなたを永遠に守る』を書き上げたことは、私の人生を一変する経験となりました。これを書いた三年間は、人生でもっとも厳しい課題を突きつけられた年月だったからです。この本の執筆にとりかかったときはとても体調が悪くて、また本を書き上げるのはとうてい無理だと思っていました。

けれども偉大なる神は、私がこの旅路を歩み抜くまで決して離れず、最後まで守りとおしてくださったのです。

出版責任者のローラ・ミンチューから、この本を書きながら学んだことは？　と訊《き》かれて、ふっと心に浮かんだのが次の言葉でした――〝希望は、絶望の淵の中で光り輝く〟。

それでは、私自身が経験した苦境の深い〝淵〟のことを、これからお話ししましょう。

あれは二〇〇一年、オーストラリア西部のパースに移って二か月後のことです。インフルエンザにかかったような症状が出て、それがなかなか治りませんでした。結局、慢性疲労症候群と診断された私は、その診断を受け入れて、それから何年も生活してきました。

ところが二〇〇八年になって、私は自分の健康状態を改めて考えるようになりました。それにはいくつか理由がありました。

まず、多くの方々からライム病に関する情報をいただくようになったこと。〝あなたを悩ませている症状の原因はこれかもしれないわよ〟と言って……。

そしてその年の十月――*Jesus Lives* を書き終えた翌日、私は激しいめまいの発作に襲われました。あまりにも突然で、身体も衰弱したので、脳卒中を起こしたのかと疑ったほどでした。

この急性期の症状はすぐにおさまったのですが、もう少し穏やかな慢性期の状態になり、それが毎日続きました。これは気にしないわけにはいきませんでした！

それで思い出したのは、一九九九年から二〇〇一年までテネシー州にある私の両親の地所に住んでいたとき、少なくとも三、四十回は、マダニに刺されたことでした。

その頃、インフルエンザのような症状を何度も繰り返してもいたのですが、当時は、それとマダニに刺されたことに何か関連があるなんて疑ってもみませんでした。

そういえば、この実家の所有地はたくさんの鹿たちの住みかとなっていました。鹿にたかるダニは、しばしばライム病を人間に感染させるのです。

オーストラリアではライム病の有効な治療はほとんど受けられないので、私は米国の医師を探すことにしました。多くの方々が推薦してくださったのが、ライム病に詳しい中西部の医師でした。

三日間の検査を含む初診の予約を取れたのが、二〇〇九年の四月のこと――。

私は単身、飛行機に乗ってオーストラリアを越え、広大な海と日付変更線を越え、そして米国の中心部を越えました。どの空港でも車椅子を使わなければならなくて、それがつらかったです。

けれども私には使命がありました。なんとしてもこの病気を治す方法を見つけるという使命が……。

私の主治医となった女性医師は、病院に着いた日に四十二種類の血液検査を、二日目には脳の単一光子放射断層撮影《SPECT》を行うように指示しました。また何時間も主治医の問診と診察を受けました。

その翌日、私は飛行機を乗り継いで、家族や友人の住むナッシュヴィルへと向かったのです。

それから数週間後、主治医は電話で、私がライム病のほかにバルトネラ症にも同時感染しているという診断を下しました。これはノミや動物からうつり、リンパ節が腫れて痛む病気で、主治医は高用量経口抗生剤を二種類処方し、点滴による抗生物質投与を数か月続けるために再び来院するように勧めました。

この治療計画は高額なうえに、患者にとって厳しいものだったので、実践するかどうか長いこと自問自答を繰り返しました。

それでも主治医の話では、これは私の回復を早め、強化するものだということでしたから、元気になれるという思いは非常に魅力的でした。そこで私は、これは投資するだけの価値があると決心したのです。

この頃には、夫も私のもとに来てくれていたので、一緒に主治医のクリニックのある中西部の都市に車で移りました。

治療を受けるには、週に七日、毎朝六時四十五分までに着いているようにしないといけません。そして午後にはまたクリニックに戻って、さらに点滴投与を受けるのです。

薬の副作用のせいで体調はさらに悪くなりました。でもこの苦しい過程が、私の健康の回復という目標の手段でしたから……。

四週間にわたる治療が終わったところで、夫はオーストラリアに戻らなければなりませんでしたが、私の治療はまだ八週間も残っていました。

私が十二週間にも及ぶ治療を完走することができたのも、この地域のたくさんのクリスチャンが（そしてノンクリスチャンの方《かた》も）、手を差し伸べてくださったおかげです。その中でも何人かの方々――とりわけ私のホストファミリーは、実にかいがいしく私の世話をしてくださいました。その方たちのことを、私は一生忘れることはありません。

この十二週間の治療計画の中ほどで、私は主治医に、ライム病と同じ種類のダニからうつるバベシア症にも感染していると言われました。

主治医はまるで朗報ででもあるかのように明るい口ぶりで告げたのですが、このことを知った私は自分が深い淵に沈んでいくのを感じました。

治療期間終了の少し前に、私は地元の〝祈りの戦士〟の方々から何時間にも及ぶ力強い祈りの支援を受けました。

そのあと、ずいぶん体調が良くなってきたので、ホームステイをしている近所を少しずつ散歩しはじめました。その回復が治療の効果なのか、祈りによるものなのか、それとも両方のおかげなのかはわからなかったけれど、私は勇気づけられ、感謝しました。

ところが、この改善はつかのまのことでした。最後の点滴治療を受けた数日後、病状がぶり返したのです。

十月下旬に、私はオーストラリアに戻りました。ひどい風邪を引き、深い失望を抱いて……。高用量の経口抗生剤とたくさんのサプリメントを服用しつづけたものの、健康状態は改善されませんでした。

パースに戻って生活が落ち着くと、私は〝もっと書きたい〟と思うようになりました。

私の心は希望に強く引かれていた――それは、そのときの私が必死の思いで求めていたものでした。病《やまい》の治癒は私の手をすり抜けつづけていたけれど、それでも私にはイエスによる希望がまだあることがわかっていました。イエスの**恵み**と変わらぬ**愛**と、そしてずっとそばにいてくださることの希望が……。

この希望はしだいに、失意の闇の中で輝く私の**光**になっていったのです。

当時の私にとって、執筆することは非常に困難でした。頭の中に濃い霧《きり》がたちこめていたからです。それがとくにひどくなると、よく夫に言ったものでした。「なんだか、もうちょっとで意識が無くなってしまいそう……」

パースの病院の医師は血液検査を行うように指示し、その結果、原発性副甲状腺機能亢進症の症状を示していることがわかりました。四つある副甲状腺のひとつにできた良性腫瘍によるものでした。

低侵襲手術によって腫瘍を取り除くために、私は飛行機でオーストラリアを横断し、はるばるメルボルンまで行かなければなりませんでした。私を担当したのは熟練した外科医で、手術は大成功でした。

全身麻酔からさめてすぐに、息子がテネシーから病室の私にかけてきた電話がつながりました。麻酔がまだ身体に残っていたのに、〝前よりもずっと頭がすっきりしているわ〟と心から息子に言えたのです。

この手術の結果、ずっと私を抑えつけてきた頭の霧は著しく減りました。

パースに戻ってほどなくして、私は執筆を再開することにしました。まだ多くの病状と闘っていたけれど、イエスの希望の光は、イエスに心を集中させて書きつづけるにつれて、ますます輝きを増していきました。

その希望は見通す力——落胆に打ち勝つ見方だということに、気づいたからでした。はっきり言えるのは、もしも私がもっと健康だったら、この本を書くことはできなかったということです。違う本なら書けたかもしれない。でもこれを書くことはできなかったでしょう。

『わたしの希望があなたを永遠に守る』は、確かに絶望の淵から生まれたものでした。これはすべての読者の人生に、希望を語り伝えるためのものなのです。

今の時代には、希望のメッセージは米国全土の、そして世界中の人々にとってきわめて大切なものだと私は信じています。

多くの人々が大きな不安を抱いている。経済的な問題や自然災害や、世界のさまざまな地域における不安定な政情——それに加えて原子力やテロの脅威によって、脅《おびや》かされているのです。

自分たちの生活やまわりのすべての問題を目にするにつれ、人々の心の中に絶望が忍びこむ。また、仕事や家庭や健康や愛する人を失った人たちのあいだに、無力感が広がっていく。

けれども聖書の中に私たちが見いだすことのできる希望は、ゆるぎのない現実なのです。私たちの人生やこの世界に、たとえ何が起ころうとも——。


私たちクリスチャンの希望はキリストの十字架にしっかりとつなぎとめられています。イエス・キリストが私たちのすべての罪を贖ってくださったので、私たちは完全に赦され、自分の人生の物語が、天国の門ですばらしい最終章を迎えることを知っているのです！この世の深い淵で生きている現在でさえも、神がすべてを支配しておられること、そして恵み深いお方であることを確信しているのです。

この本では天国についてかなり言及しています。ですから私は、この輝かしい未来は、自分の罪深さを認め、イエスの十字架による罪の赦しを求めるすべての者――それを求める者だけに与えられるということを明確にお伝えしたいのです。

『わたしは決してあなたをひとりにしない』と同じように、この『わたしの希望があなたを永遠に守る』も、イエスが読者のあなたに語りかけるという形をとっています。

私の著書はどれもそうですが、聖霊の助けに頼って原稿を書いています。執筆の最初から最後までずっとイエスの声に耳を澄ますように努めているのです。こうした形で書いているので、耳にしたことは常に取捨選択するようにしています。

もしも聖書的でないものがあれば、いっさい受け入れません。聖書は誤りのない神のみことばだと信じているので、この不変の基準と一致しているものだけを読者にお届けするように力を尽くしています。

本文はデボーション用の百五十編からなっています。

聖句は *Jesus Lives* と同じく、全文を引用しています。また、希望に関する（クリスチャンの著述家と聖書からの）五十の引用文も、この本の随所に散りばめました。じっくり読みこむ時間のないときに、手軽な〝希望促進剤〟の役目を果たしてくれるでしょう。

巻末には、聖書の索引もあります。

この本を読まれるすべての方々のために、私は毎日、祈っています。

私の願いは、深い絶望の淵に沈んでいるように感じている人にとって、この『わたしの希望があなたを永遠に守る』が命綱となってくれること……。そして、そこまで深刻ではない人生を送っている人への励ましの源《みなもと》となること……。

私の著書は、さまざまな人にさまざまな形で語りかける傾向があります。その人たちが今置かれている状況で出会うのです。

それは、これらの本が人々をイエスと結びつけるのを助けるから――私たちのいるまさにその場所で、イエスが私たちに会ってくださるからだ、と思うのです。

ただ主にのみ、栄光のあらんことを！

サラ・ヤング

■

「あなたがたは知らないのか。夜のあとには朝が訪れ、降り注ぐ雨が干魃《かんばつ》を退け、冬が終われば、春になり、夏になることを。だから希望を持ちなさい。永遠の希望を——。神は決して、あなたがたを見捨てることはないからだ」

——チャールズ・スポルジョン

「見よ。わたしは新しい事をする。
今、もうそれが起ころうとしている。
あなたがたは、それを知らないのか。
確かに、わたしは荒野に道を、
荒地に川を設ける」

（イザヤ書43章19節）

■

◆1

「あなたの望みをわたしに置きなさい。わたしの変わらぬ愛があなたの上にあるように」

わたしの子どもたちの中には、どうやって望みをもつかを忘れてしまった人がいる。あまりにも何度も失望させられてきたので、また望みをくじかれるリスクを冒したくないのだ。

そこで彼らは、わずかずつでも前進するために感情を殺して、機械的に生きようとする。

また、問題解決法や、医療、株式市場、宝くじといったものに希望を託す人もいる。

けれどわたしはあえてあなたに言う。あなたの希望を百パーセントわたしに託しなさい、と――。

あなたの人生に今、何が起こっているにしても、あなたの物語にはすばらしいハッピーエンドが待っている。

前方の道がどんなに暗く見えても、あなたの地上の旅の終わりには、永遠に変わらぬまばゆい光がさしている。

わたしが十字架の上で成し遂げた業《わざ》が、あなたにこの天上の希望を保証する。

それだけでなく、あなたの物語が幸せな結末を迎えるのを知っていることは、あなたの現在の旅を喜びで満たす。

あなたがわたしに希望を託せば託すほど、わたしの愛の光はあなたを照らし、あなたの日々を輝かせる。

わたしがずっとあなたとともにいることを、心にとめなさい。このわたしがあなたの希望であることを！

●

「私たちのたましいは主を待ち望む。／主は、われらの助け、われらの盾。／まことに私たちの心は主を喜ぶ。／私たちは、聖なる御名に信頼している。／主よ。あなたの恵み［変わらぬ愛］が私たちの上にありますように。／私たちがあなたを待ち望んだ［あなたに望みを置く］ときに」

（詩篇33篇20～22節）

「それは、偽ることのない神が、永遠の昔から約束してくださった永遠のいのちの望みに基づくことです」

（テトスへの手紙1章2節）

「私たちの救い主なる神と私たちの望みなるキリスト・イエスとの命令による、キリスト・イエスの使徒パウロから……」

（テモテへの手紙第一 1章1節）

●●●

◆ 2

「どんなものも、わたしの愛からあなたを引き離すことはできない」ということを知って、わたしのもとで心を休めなさい。

わたしがあなたを愛さなくなるかもしれない、というあなたの人生で最悪のシナリオの可能性は、万に一つもありえない。

だからもう、わたしの愛を得るために、あるいはずっとその愛を保つために、りっぱにふるまおうとしなくていいことを喜びなさい。

この愛は、わたし自身の完全な義の泉からあふれ出る純然たる贈り物なのだから……。

それはあなたの救い主であるわたしとの絆を、永遠に確かなものとしてくれる。

想像し得る最悪のことが起こる可能性はないのだから、あなたは心をくつろがせ、「もっと豊か」に生きることができる。

あなたの人生において物事が順調にうまくいっているときは、その良いときを十分に楽しんでほしい。前方の道に何があるかと心配したりせずに――。

苦境に陥ったときは、わたしがあなたを助け、わたしの愛であなたを力づける。

たとえ、困難から逃れられない世界で生きていても、あなたは「**勇敢で**」いられる。「**わたしはすでに世に勝った**」からだ！

●

「高さも、深さも、そのほかのどんな被造物も、私たちの主キリスト・イエスにある神の愛から、私たちを引き離すことはできません」
（ローマ人への手紙8章39節）

「盗人が来るのは、ただ盗んだり、殺したり、滅ぼしたりするだけのためです。わたしが来たのは、羊がいのちを得、またそれを豊かに持つためです」
（ヨハネの福音書10章10節）

「わたしがこれらのことをあなたがたに話したのは、あなたがたがわたしにあって平安を持つためです。あなたがたは、世にあっては患難があります。しかし、勇敢でありなさい。わたしはすでに世に勝ったのです」
（ヨハネの福音書16章33節）

●●●

◆3

時おり、万物を治めるわたしの手――あなたの人生を支配するわたしの手が、あなたを失意の情況に置くことがある。

あなたは押さえつけられたり、押し戻されるように感じて、自分で物事を変えられないことに無力感を抱く。何ごとにも束縛されず、自分の人生をふたたび思いどおりにしたいと願う。

ところがこれは、居心地は良くないかもしれないが、実際はあなたの益となる境遇なのだよ。

不自由さを感じることで、それまでだらだらと日々を過ごしてきたことに気づいて、あなたの人生を支配しているのはわたしである、と思い起こすことになるからだ。

また、重要な選択の機会をあなたに与えることにもなる。あなたに対するわたしの扱い方に憤って、置かれた環境で突っ走ることもできるし、いっそうわたしに近づくことも可能だ。


苦しみの中にあるとき、あなたはかつてないほどわたしを必要とするようになる。

わたしへの信頼を強め、もっとわたしに近づくようになればなるほど、あなたはわたしの「**変わらぬ愛**」に希望を見いだすことができる。

「**喜びが満ち**」ているわたしのもとで待ちつづけるあいだ、「**望みを抱いて喜ぶ**」のを学ぶこともできる。

あきらめずにわたしを信頼すること。そうすればわたしは、ついにあなたを「**高くする**」。

それまで「**あなたの思い煩いをいっさい、わたしにゆだねなさい**」。わたしがあなたのことを愛をもって「**心配し**」、ずっと見守っているからだ。

●

「悪者には心の痛みが多い。／しかし、主に信頼する者には、／恵み〔変わらぬ愛〕が、その人を取り囲む」（詩篇32篇10節）
「望みを抱いて喜び、患難に耐え、絶えず祈りに励みなさい」（ローマ人への手紙12章12節）
「あなたは私に、いのちの道を／知らせてくださいます。／あなたの御前には喜びが満ち、／

あなたの右には、楽しみがとこしえにありま
す」（詩篇16篇11節）
「ですから、あなたがたは、神の力強い御手の下にへりくだりなさい。神が、ちょうど良い時に、あなたがたを高くしてくださるためです。あなたがたの思い煩いを、いっさい神にゆだねなさい。神があなたがたのことを心配してくださるからです」（ペテロの手紙第一5章6〜7節）

●●●

◆4

わたしを信じゆだねるとき、あなたは「**わたしに身を避ける**」ことになる。

したがって、わたしにゆだねるということは、単なる言葉のあやではなく、もっとずっと重大なことだ。それはもっぱら、あなたの意志の問題なのだ。

今日一日を過ごすあいだにあなたは、自分自身の思いを含むさまざまなことに遭遇する。それらはあなたを不安にしかねない。

もしも気をつけて「目をさまして」いないと、不安な思いは気づかないうちにあなたの一日にしのびこんでしまう。

そうすると、あなたはなぜ突然、気分が悪くなったのかと思うだろう。

たいていはそうした感情は無視しようとする。あるいは食べたり飲んだり、テレビを観たり、噂話をしたりといった気晴らしをすることで、ごまかそうとするかもしれない。

それよりも、不安な思いにがんじがらめになる

前にそれをつかまえるほうがずっといい。わたしが「目をさましていなさい」と言うのは、こうした理由による。

あなたが注意して気をつけていれば、不安に襲われるたびにいつでも「わたしに身を避ける」という選択をすることができる。

「避け所《どころ》」とは避難させ、保護する場所――安全な隠れ家だ。あなたが助けや救いを求めて逃げてくるところなのだよ。

わたしはあなたの避け所になることを願い、いつもあなたのそばにいる。

それでも、わたしに助けを求めるためには、あなたは意志の力を働かせなければならない。

意識してそうすることで、あなたはわたしへの信頼をはっきりと示し、わたしを避け所とすることができる。「幸いなことよ。わたしに身を避ける者は」

●

「身を慎み、目をさましていなさい。あなたがたの敵である悪魔が、ほえたける獅子のように、食い尽くすべきものを捜し求めながら、歩き回っています」（ペテロの手紙第一5章8節）

「神よ。私をあわれんでください。私をあわれんでください。／私のたましいはあなたに身を避けていますから。／まことに、滅びが過ぎ去るまで、／私は御翼の陰に身を避けます」（詩篇57篇1節）

「主のすばらしさを味わい、これを見つめよ。／幸いなことよ。彼に身を避ける者は」（詩篇34篇8節）

◆5

「わたしがあなたの傷を直し、あなたの打ち傷をいやそう」

わたしはあなたとともにいる。あなたの内にいる。あなたをとりまくすべての場所にいて、常にあなたの人生に働いている。

あなたがわたしのことをぼんやりとしか気づいていないときも、わたしはずっとそばにいて、まばゆい光であなたを照らしつづけている。この光には、はかりしれない癒しの力がある。

それだから、わたしがあなたの主なる神であることを思い起こして、思い切って大きなことをわたしに求めなさい。「**わたしはあなたの願うところ、思うところのすべてを越えて豊かに施すことができる**」からだ。

あなたを助けるわたしの限りない力に思いを馳せることで、あなたの信仰は強められ、大胆に祈れるようにあなたに励ましを与える。

わたしの名によって、忍耐強く、祈ることで大いなることが達成できる。

決してあきらめようとしなかった忍耐強い〝やもめ〟のたとえ話から学びなさい。

彼女は「**神を恐れず、人を人とも思わない裁判官**」に訴えつづけた。

ついには、彼女があまりにもしつこいので裁判官はうんざりして、彼女の望むものを与えることにした。

ましてや、「**わたしに昼も夜も呼ばわりつづける**」わたしの子どもたちに、わたしがどれほど豊かにこたえるだろうか!

長く待たなければならないこともあるかもしれないが、あきらめてはいけないよ。「**だれであっても、求める者は受け、捜す者は見つけ出す**」のだから……。

＊ルカの福音書18章2節。

●

「わたしがあなたの傷を直し、あなたの打ち傷をいやすからだ。——主の御告げ——あなたが、捨てられた女、だれも尋ねて来ないシオン、と呼ばれたからだ」

（エレミヤ書30章17節）

「どうか、私たちのうちに働く力によって、私たちの願うところ、思うところのすべてを越えて豊かに施すことのできる方に……」

（エペソ人への手紙3章20節）

「あなたがたに言いますが、神は、すみやかに彼らのために正しいさばきをしてくださいます。しかし、人の子が来たとき、はたして地上に信仰が見られるでしょうか」

（ルカの福音書18章1〜8節）

「だれであっても、求める者は受け、捜す者は見つけ出し、たたく者には開かれます」

（ルカの福音書11章10節）

●●●

◆ 6

わたしの安らぎの場所から生きることを学びな

さい。

「平和の君」であるわたしは、あなたとともにおり、あなたの内にもいる。それゆえあなたは、わたしと結びついているこの安らかな場所から生きることを選び取れる。

こうしてあなたは、ストレスに満ちた情況の真っ只中《ただなか》でも、わたしに再び心を集中することで、穏やかなままでいられる。

わたしたち——あなたとわたしとで、あなたの問題に一緒に取り組むことができるから、少しも焦《あせ》る必要はない。

ところがあなたは、自分が置かれている情況が困難になればなるほど、がむしゃらにがんばりすぎて、わたしのいる安らかな場所をつい忘れそうになる。

わたしの「安らぎ」の場所からさまよい出してしまったことに気がついたら、すぐさまわたしのもとに戻っておいで——。そしてわたしの名を呼びなさい。

そうすることであなたは、わたしと再びつながり、安心できる。

あまりにもたびたびわたしのもとからさまよい出してしまうからといって、落ちこまなくてもいい。

あなたは一生懸命、新しい習慣を築こうとしている。それは時間だけでなく、粘り強い努力が必要なのだ。

とはいえ、その報いは十分に努力する甲斐《かい》のあるものだ。

わたしとあなたの休み所であるわたしのもとに戻るたびに、あなたの人生は平安と喜びに満ちたものとなっていく。

●

「ひとりのみどりごが、私たちのために生まれる。／ひとりの男の子が、私たちに与えられる。／主権はその肩にあり、／その名は『不思議な助言者、力ある神、／永遠の父、平和の君』と呼ばれる」

（イザヤ書9章6節）

「私は、私を強くしてくださる方によって、どんなことでもできるのです」

（ピリピ人への手紙4章13節）

「主の名は堅固なやぐら。／正しい者はその中に走って行って安全である」

（箴言18章10節）

■

「希望があっても待ちつづけることはたいそう難しい。しかし、真の忍耐が発揮されるのは、希望そのものを待たなければならないときだ。ひとたび希望を待つことを学べば、私は最大の力を発揮できるところまで到達できるだろう」

――ジョージ・マシソン

「雄々しくあれ。心を強くせよ。すべて主を待ち望む者よ」

（詩篇31篇24節）

■

◆

7

わたしは、あなたが「わたしを愛し、わたしの声に聞き従い、すがる」ことを望んでいる。「わたしはあなたのいのち」だからだ。

これは知恵の道である。

わたしはあなたに、危険な道を歩むときはわたしのそばを離れないように教えている。

どんなに親しい関係でも、相手に耳を傾け、愛することはきわめて大切なことだ。そして聞くことと愛することは、互いに関連している。

「喜びをもってあなたのことを楽しみ、その愛によって安らぎを与える」わたしに、「聞き従い」なさい。

聖霊に願って、わたしの輝かしい愛をふんだんに受け取れるように助けていただきなさい。こうすることで、あなたのわたしへの愛はめざましい成長をとげる。

この世界は危険でいっぱいだ。だから思慮深く、わたしの手をしっかり握りしめていなさい。

困難なときには、わたしは聖霊とみことばを通してあなたに語りかける。その声に耳をすませること。

「わたしがあなたの避け所である」ことを心に留めて、「あなたの心をわたしの前に注ぎだしなさい」。

わたしとの対話を続けているかぎり、あなたの前に何が待ち受けていても対処できるようにわたしが助ける。

愛する子よ、「わたしにすがっていなさい。わたしはあなたのいのちなのだから」。

●

「〔あなたはいのちを選びなさい。〕」あなたの神、主を愛し、御声に聞き従い、主にすがるためだ。確かに主はあなたのいのちであり、あなたは主が、あなたの先祖、アブラハム、イサク、ヤコブに与えると誓われた地で、長く生きて住む」

（申命記30章20節）

「あなたの神、主は、あなたのただ中におられる。／救いの勇士だ。／主は喜びをもってあなたのことを楽しみ、／その愛によって安らぎを与える。／主は高らかに歌ってあなたのことを喜ばれる」

（ゼパニヤ書3章17節）

「民よ。どんなときにも、神に信頼せよ。／あなたがたの心を神の御前に注ぎ出せ。／神は、われらの避け所である」

（詩篇62篇8節）

●●●

◆8

わたしはあなたの人生の礎《いしずえ》であり、中心である。ゆるがされることのない強固な土台だ。

わたしを救い主として認めるまでは、あなたには人生の礎とすべきものが何もなかった。

何か意味あるものを造り出そうと努めても、いつも最後には、もろくも崩れ落ちてしまった。トランプで組み立てた家のように……。

わたしがいなかったら、何もかも結局は「空《くう》の空。すべては空」。

わたしがあなたの救い主となってからは、あなたはわたしという「救いの岩」の上に人生を築いている。

あなたがこれまで労してきたことは、成功したものも、しなかったものもある。それでもわたしは、常に「あなたの足を巖の上に」――あなたのために用意した土台の上に、「置いてきた」。

あなたの人生を堅固なものとする鍵は、「いつもあなたの前にわたしを置く」ことだ。

わたしを人生の中心に置けば、あなたはいのちの道を着実に歩んでいける。

道々、あなたの注意をそらそうと競い合うものが次々に現れても、わたしは「いつもあなたの前にいて」あなたを導く。

だから、常に前に目を向けてわたしを見ていなさい。一歩一歩、天国までの道のりを導きつづけるわたしから、決して目をそらさずに……。

「空の空。伝道者は言う。／空の空。すべては空」（伝道者の書1章2節）

「主は生きておられる。／ほむべきかな。わが岩。／あがむべきかな。わが救いの岩なる神」（サムエル記第二22章47節）

「私を滅びの穴から、泥沼から、／引き上げてくださった。／そして私の足を巖の上に置き、／私の歩みを確かにされた」（詩篇40篇2節）

「私はいつも、私の前に主を置いた。／主が私の右におられるので、私はゆるぐことがない」（詩篇16篇8節）

◆9

正しい道に目を向けなさい！

あなたを取り巻く世界には、輝くように美しい景色もあれば、暗く醜い荒地もある。

正しい道に――「真実なこと、誉れあること、愛すべきこと」に目を向けるなら、あなたは励まされ、力づけられる。

わたしは、あなたが美しいものや良いものを最大限に楽しめるように造りあげた。あなたの魂はこれらの恵みに共鳴して、そこから力を引き出す。

今日の一日を過ごすあいだに、あなたはうんざりすることや、間違ったこと、不快なことに出会うだろう。

これはあなたが対処すべきこととはいえ、それに心をとらわれすぎないように――。

わたしがついていることを思い出して、耳をすませなさい。わたしが何度も、正しい道に目を向けるように言うのが聞こえるだろう。

美は目に見える世界だけでなく、見えない世界にもある。

罪に堕《お》ちたこの世界が、あなたをとことん満足させることは絶対にない。

あなたは完全さを慕い求める。その深い願望を、このわたしだけがかなえることができる。

わたしはすべての点において完全だ。それでもわたしは、この罪に汚れた世界を歩んでいくあなたに、ぴったり寄り添いつづけることができる。

だから正しい道に――恵みに向かって、わたしに向かって目を向けなさい。「**わたしの前には喜びが満ち**」、あなたを輝き照らすだろう。

●

「最後に、兄弟たち。すべての真実なこと、すべての誉れあること、すべての正しいこと、すべての清いこと、すべての愛すべきこと、すべての評判の良いこと、そのほか徳と言われること、称賛に値することがあるならば、そのようなことに心を留めなさい」

（ピリピ人への手紙4章8節）

「わたしの羊はわたしの声を聞き分けます。またわたしは彼らを知っています。そして彼らはわたしについて来ます」（ヨハネの福音書10章27節）

「主が御顔をあなたに照らし、／あなたを恵まれますように」

（民数記6章25節）

「あなたは私に、いのちの道を／知らせてくださいます。／あなたの御前には喜びが満ち、／あなたの右には、楽しみがとこしえにあります」

（詩篇16篇11節）

●●●

◆

10

今この場で、わたしを信じてゆだねなさい。あなたは厳しい訓練の途中なのだ。あなただけのために用意された冒険の道で――。この道はあなたが選んだのではない。あなたのためにわたしが選んだ道だ。わたしが行っていることはあなたの理解を超えている。だからわたしはあなたに言う。「**わたし**

にゆだねなさい！」と。

鬱蒼《うつそう》としたジャングルの中で、あなたは前も後ろも、そして両側もはっきり見通すことができない。

この闇の中の道をたどるには、わたしの手をしっかりと握っていなさい。

わたしの姿を見ることはできなくても、わたしの存在は岩のようにゆるぎない現実なのだから……。

愛する子よ。わたしに希望を見いだしなさい。わたしはあなたのことを大切に思っているからだ。

わたしの存在と、わたしがあなたを支配し、守り、愛する神であることのすべてを楽しむことに集中しなさい。たとえ、あなたの置かれている情況が解決の手段をうるさく迫っていても――。

今抱えている問題をよくよく考えて、いったいどうやって解決したらいいのだろうか、と思い悩まないこと。

それよりも、わたしへの信頼を強めて、わたしのもとで希望をもって待ち、わたしがこれから行うことをしっかり見ていなさい。

「あなたがたのうち、／だれが主を恐れ、／そのしもべの声に聞き従うのか。／暗やみの中を歩き、／光を持たない者は、／主の御名に信頼し、自分の神に拠り頼め」（イザヤ書50章10節）

「わがたましいよ。／なぜ、おまえはうなだれているのか。／私の前で思い乱れているのか。／神を待ち望め。私はなおも神をほめたたえる。

短い祈りを集めて祈りの宝箱を作ろう。たとえばこのように――「イエスさま、助けてください。わたしをあなたの平安で満たしてください。あなたの道を示してください」

こうした願いは、霊的な栄養――魂のビタミンとなる。それを用いれば用いるほど、あなたは健康になり、幸せを感じるようになる。

困難をこんなふうに――わたしに近づくように気づかせてくれるものとして、とらえるなら、試練の只中《ただなか》にあってもあなたは心から喜ぶことができるだろう。

もちろんそのためには、問題モードから祈りモードへとすばやく心を切り替える訓練がいる。すぐに使えるように、祈りを宝箱に蓄えておくことが肝心だ。

／御顔の救いを」
（詩篇42篇5節）

「しかし、私は主を仰ぎ見、／私の救いの神を待ち望む。／私の神は私の願いを聞いてくださる」
（ミカ書7章7節）

●●●

◆11

試練や苦難にあったら、そのことをわたしにもっと近づくために役立てなさい。

悩みはじめたら、そのたびにわたしに話すことで追い払えばいい。

苦しみや問題にぶつかることであなたは、いついかなるときもわたしが必要なのだということを思い出す。

その備えができるように、聖霊に指導をお願いしなさい。あなたの心からいつでも祈りがあふれだすように……。

そしてそれをわたしに向かって口にすることを繰り返すうちに、あなたはそれらの祈りに親しみなじんでいく。

どんな種類の試練にあっても、祈りの宝箱に手をのばし、そのうちのひとつ、あるいはいくつかを大胆に祈りなさい。

「そうすれば、敵は逃げ去り、わたしはさらにあなたに近づく」

●

「主よ。あなたの道を私に教えてください。／私を待ち伏せている者どもがおりますから、／私を平らな小道に導いてください」

（詩篇27篇11節）

「私の兄弟たち。さまざまな試練に会うときは、それをこの上もない喜びと思いなさい」

（ヤコブの手紙1章2節）

「ですから、神に従いなさい。そして、悪魔に立ち向かいなさい。そうすれば、悪魔はあなたがたから逃げ去ります。神に近づきなさい。そうすれば、神はあなたがたに近づいてくださいます。罪ある人たち。手を洗いきよめなさい。二心の人たち。心を清くしなさい」

（ヤコブの手紙4章7～8節）

「朝にあなたの恵みを聞かせてください。／私はあなたに信頼していますから。／私に行くべき道を知らせてください。／私のたましいはあなたを仰いでいますから」

（詩篇143篇8節）

◆12

「わたしは平和の主。どんな場合にも、いつもあなたに平和を与える」

あなたの内には、大きく口を開けた深い穴がある。それは、「平和の主」であるわたしの存在でしか埋めることはできない。

わたしを知らない人たちは、さまざまな方法でその穴を満たそうとする。あるいはあっさりと、穴なんかないふりをする。

わたしの子どもたちでさえも、自分に必要なものを、「いつも、どんな場合にも」、完全には認識できていないことがしばしばある。

それでも、自分の必要を認識することは闘いの半分でしかない。残りの半分は、「あなたの必要をすべてわたしが満たす」ことができる、そして実際に行うのを信じることだ。

十字架にかけられる少し前、わたしは弟子たちに、そしてわたしを信じ、従うようになるすべての人々に、「平安を与える」ことを約束した。わたしはこれが贈り物であることを明らかにした。愛をこめて、ふんだんに与えるものだということを……。

だからあなたの務めは、この栄光に満ちた贈り物を受け取ること。あなたが必要とするものだけではなく、願っているものまでわたしに知らせることだ。

そしてわたしのもとで、わたしの平安をあふれるほどに受け取るのを楽しみに待ちなさい。

そのとき、あなたはこう言って、自分のすべてを開放していることを表すことができる。「イエスさま、あなたの平安を受け取らせてください」と……。

●

「どうか、平和の主ご自身が、どんな場合にも、いつも、あなたがたに平和を与えてくださいますように。どうか、主があなたがたすべてと、ともにおられますように」

（テサロニケ人への手紙第二3章16節）


「また、私の神は、キリスト・イエスにあるご自身の栄光の富をもって、あなたがたの必要をすべて満たしてくださいます」

（ピリピ人への手紙4章19節）


「わたしは、あなたがたに平安を残します。わたしは、あなたがたにわたしの平安を与えます。わたしがあなたがたに与えるのは、世が与えるのとは違います。あなたがたは心を騒がしてはなりません。恐れてはなりません」

（ヨハネの福音書14章27節）

■

「もちろん、あなたは困難に遭遇することでしょう。けれどそんなときこそ、力の神を仰ぎ見なさい。神はどんな災いをも、希望の扉へと変えてくださるのですから」

——キャサリン・マーシャル

「あなたは心のうちで罪人をねたんではならな

い。
ただ主をいつも恐れていよ。
確かに終わりがある。
あなたの望みは断ち切られることはない」
（箴言23章17～18節）

■

◆13

「何をするにも、わたしを第一にしなさい。わたしがどうすればよいか教え、それを成功させてあげよう」
「わたしを第一にする」ことは、実に簡単でたやすいことのように聞こえる。

ところがこの世と人間の劣欲、そしてサタンは、それを行おうとするあなたの努力に戦いを挑む。あなたはわたしのために取ってあった時間と場所に、わたし以外のものを忍びこませ、いともあっさりとそれを正当化する。これがごくたまに起こることなら、単なる人間らしさの一部にすぎない。

ところが、それがあなたの生活パターンになっていくようなら、注意しなければならない！あなたの優先事項はしだいに入れ替わっていき、ついには、わたしはもはや「あなたの初めの愛」ではなくなってしまうかもしれない。

わたしを第一にすることは、おざなりなルールなどではない。わたしのそばで活気と喜びに満ちた生活を送り、わたしの教えにしたがって歩んでいく生き方なのだ。

わたしをあなたの最優先事項にすれば、ほかの物事はおのずとふさわしい場所におさまっていく。

そういうわけで、「**わたしを何にもましてあなたの喜びとしなさい**」。

あなたが「**わたしの光の中を歩んでいるなら**」、わたしはあなたの前に道を開いて「**成功の道に導こう**」。

●

「何をするにも、神様を第一にしなさい。神様がどうすればよいか教えてくださり、それを成功させてくださいます」

（箴言3章6節、リビングバイブル）


「しかし、あなたには非難すべきことがある。あなたは初めの愛から離れてしまった」

（ヨハネの黙示録2章4節）


「主をおのれの喜びとせよ。／主はあなたの心の願いをかなえてくださる」

（詩篇37篇4節）


「しかし、もし神が光の中におられるように、私たちも光の中を歩んでいるなら、私たちは互いに交わりを保ち、御子イエスの血はすべての罪から私たちをきよめます」

（ヨハネの手紙第一1章7節）

●●●

◆14

「**どんなときにも、わたしに信頼しなさい**」――わたしがあなたに求めることは、すべてこれに尽きる。過酷な霊的な闘いの只中《ただなか》にあってあなたがゆるぎなく立ちつづけるためには、それだけで十分なのだ。

わたしとずっとつながっているかぎり、一日一日を過ごすだけであなたは勝利を手にしている。

いつでもわたしを尋ね求めなさい。わたしの存在に心を向けつづけることは、自己憐憫《れんびん》や鬱《うつ》状態に陥らないための最大の防御だ。


わたしは深い闇の中で、「わたしに信頼しなさい」とあなたに呼びかけている。

救いと導きを求めてわたしの手にしっかりとつかまり、一歩一歩進んでいこう。

わたしはずっとあなたのそばにいる。あなたがどんなに苦労しているか、ちゃんとわかっている。

闘いは過酷であなたは弱い。けれど、あなたに与えられる恵みの源泉には限りがない。

聖霊はいつでもあなたを助けるために備えておられる。あなたはただ願うだけでいい。

この聖なる「助け主」は、限りない力だけでなく、限りない愛にあふれたお方だ。

わたしもあなたを助けたくてたまらない。

わたしに固く信頼して、わたしの名を呼びなさい。**「わたしの変わらぬ愛があなたを取り囲んでいる」**からだ。


「民よ。どんなときにも、神に信頼せよ。／あなたがたの心を神の御前に注ぎ出せ。／神は、われらの避け所である」

（詩篇62篇8節）


「わたしは父にお願いします。そうすれば、父はもうひとりの助け主をあなたがたにお与えになります。その助け主がいつまでもあなたがたと、ともにおられるためにです。その方は、真理の御霊です。世はその方を受け入れることができません。世はその方を見もせず、知りもしないからです。しかし、あなたがたはその方を知っています。その方はあなたがたとともに住み、あなたがたのうちにおられるからです」

（ヨハネの福音書14章16～17節）

「悪者には心の痛みが多い。／しかし、主に信頼する者には、／恵み〔変わらぬ愛〕が、その人を取り囲む」

（詩篇32篇10節）

●●●

◆ 15

「わたしの慰めで、あなたのたましいを喜ばせなさい」

この世は「あなたの思い煩いを増す」。数え上げることすらできないほどに――。

どこを向いても、問題やトラブルばかり。そんなどうにもならない窮地に陥ったときは、わたしに助けを求めて「イエスさま」と、わたしの名をささやきなさい。

そうすれば、わたしがいつもあなたのそばにいることをまたはっきり感じられるから……。

あなたの意識のスクリーンにわたしが映し出され、あなたの世界観を照らすことで、あなたの物の見方はみごとに変わる。

「わたしの慰め」があなたの傷ついた心を癒し、「あなたのたましいを喜ばせる」。

もしもこの世界が完全だったら、あなたはわたしから慰めを得るという喜びを決して味わうことはないだろう。

問題が起きても落ちこまないで、かえってそのことを、わたし自身とわたしの平安、わたしの愛を求めるきっかけにしなさい。

これらは目には見えないが実在し、いつでもどこでも求めさえすれば与えられる。そこから受ける喜びは、誰もあなたから奪い去ることはできない。

だから、「疲れたとき、重荷を負っているときは、わたしのところに来なさい。そうすれば、あなたのたましいに安らぎを与えよう」。

●

「私のうちで、思い煩いが増すときに、／あなたの慰めが、／私のたましいを喜ばせてくださいますように」（詩篇94篇19節）

「あなたがたにも、今は悲しみがあるが、わたしはもう一度あなたがたに会います。そうすれば、あなたがたの心は喜びに満たされます。そして、その喜びをあなたがたから奪い去る者はありません」（ヨハネの福音書16章22節）

「すべて、疲れた人、重荷を負っている人は、わたしのところに来なさい。わたしがあなたがたを休ませてあげます。わたしは心優しく、へりくだっているから、あなたがたもわたしのくびきを負って、わたしから学びなさい。そうすればたましいに安らぎが来ます」

◆ 16

（マタイの福音書11章28～29節）

電子機器による情報収集がますます進むこの世界では、プライバシーは守りにくくなっている。それとともに、安全な場所も少なくなってきている。

そういうわけで、あなたが困難に取り囲まれていると感じたら、このことを思い出しなさい――**「わたしはあなたの隠れ場」**。わたしを大声で呼べば、**「あなたを苦しみから守り、救いの歓声で、あなたを取り囲む」**。

わたしの力を引き出すいちばん良い方法は、わたしに向かって賛美の歌を歌うこと。わたしは実際に、**「わたしの民の賛美を住まいとしている」**からだ。

それだから、さまざまな問題が重くのしかかってくるのを感じたら、わたしを賛美することでそこから逃れなさい。賛美の歌で、歓声で、時にはささやき声であっても……。

こうした聖なる「歓声」は闇を滅ぼし、わたしをあなたの意識の中に迎え入れる。それによって、あなたの周囲はぱっと明るくなる。

あなたが一心にわたしを賛美しているあいだに、問題はしだいに遠のいて消えていく。

わたしの存在を意識することは、あなたを力づけ、喜びで満たす。

苦難な日の只中でわたしを賛美するとき、あなたもわたしも祝《しゅく》される。

わたしはあなたに寄り添って、あなたを「**わたしのいるひそかな所にかくまおう**」。

●

「主よ。私を敵から救い出してください。／私はあなたの中に、身を隠します」（詩篇143篇9節）

「あなたは私の隠れ場。／あなたは苦しみから私を守り、／救いの歓声で、私を取り囲まれます」（詩篇32篇7節）

「けれども、あなたは聖であられ、／イスラエルの賛美を住まいとしておられます」（詩篇22篇3節）

「あなたは彼らを人のそしりから、／あなたのおられるひそかな所にかくまい、／舌の争いから、隠れ場に隠されます」（詩篇31篇20節）

●●●

◆

17

「わたしの恵みは、あなたに十分である」

この恵みがあれば、あなたはどんなに苦しいときでも切り抜けられる。あなたはこのことを信じているだろうか。

物事が自分の思いどおりに進んでいるときは、そう信じられる。それが次の一歩を踏み出すのにも苦労する場合には、まったく別の話になる。

ところがこれこそ、わたしの恵みがもっともすばらしく、かけがえのないものとなるときなのだ。わたしの恵みなしにはもう一歩も進めない、とあなたが知るときこそが……。

　この恵みが、あなたの人生の光り輝く中心となるのだよ。

　わたしは、この「すぐれて豊かな恵み」をふんだんに味わうように、あなたを招いている。わたしの慈愛とあわれみといつくしみとを――。

　この恵みは無償の贈り物……。あなたを永遠へと導く道を開くもの……。

　また、このばらばらになった世界で今あなたが生きていくのに必要なものを与えてくれる。

　だから遠慮なくわたしのところに来て、心を打ち明けなさい。

　わたしは、あなたの願いをいつも聞き入れるとはかぎらないが、あなたが必要とするものは必ず与える。

　そして常にわたし自身を――あなたへの思いやりと理解と「わたしの変わらぬ愛」を与えよう。

　あなたは自分の弱さを恥じることなく、それを誇りなさい！

　その弱さを通してわたしにもっと頼ることを学び、「わたしの力があなたをおおうために」。

●

「しかし、主は、『わたしの恵みは、あなたに十分である。というのは、わたしの力は、弱さのうちに完全に現れるからである』と言われたのです。ですから、私は、キリストの力が私をおおうために、むしろ大いに喜んで私の弱さを誇りましょう」　（コリント人への手紙第二12章9節）
「〔神は〕キリスト・イエスにおいて、ともによみがえらせ……てくださいました。それは、あとに来る世々において、このすぐれて豊かな御恵みを、キリスト・イエスにおいて私たちに賜る慈愛によって明らかにお示しになるためでした」

（エペソ人への手紙2章6～7節）

「『たとい山々が移り、丘が動いても、／わたしの変わらぬ愛はあなたから移らず、／わたしの平和の契約は動かない』と／あなたをあわれむ主は仰せられる」

（イザヤ書54章10節）

●●●

◆18

わたしから目を離さないでいなさい！

あなたにはわたしがついている。可能なかぎりの最善の方法で、あなたに心を配っている。あなたが苦しんでいるとき、わたしの心配りは完全でも適切でもないと思えるかもしれない。あなたは苦しみから救われることを求めているのに、わたしに待たされているからだ。

思い起こしてみよう。待つにはさまざまな方法があるが、中でもとびきりすぐれたものがあることを……。

あなたのためになる待ち方は、常にわたしに目を向けていること——わたしを信頼し、愛することだ。

今の困窮のときを、わたしに感謝しなさい。ふだんより、もっとわたしに頼らなければならないからだ。

早く過ぎ去ればいいと思って、この機会を無駄にしないこと。

わたしはちゃんとわかってこうしている、と信じてゆだねなさい。あなたが出会うこと、あなたの耐えることの**「すべてを、わたしが働かせて益とする」**ことを信じて……。

過去や現在の苦しい経験によって、未来への視界を曇らせないように――。

わたしはあなたの将来を司《つかさ》どる主であり、あなたのために良いものを備えている。

「わたしだけがあなたのために計画していることを知っている」。それは**「あなたに将来と希望を与えるためのものだ」**。

「主はいつくしみ深い。／主を待ち望む者、主を求めるたましいに」

（哀歌3章25節）

「しかし、主を待ち望む者は新しく力を得、／鷲のように翼をかって上ることができる。／走ってもたゆまず、歩いても疲れない」

（イザヤ書40章31節）

「神を愛する人々、すなわち、神のご計画に従って召された人々のためには、神がすべてのことを働かせて益としてくださることを、私たちは知っています」

（ローマ人への手紙8章28節）

「わたしはあなたがたのために立てている計画をよく知っているからだ。――主の御告げ――それはわざわいではなくて、平安を与える計画であり、あなたがたに将来と希望を与えるためのものだ」

（エレミヤ書29章11節）

「希望は、神が私たちに与えてくださるとてつもない霊的な恵みである。それは私たちが自分の恐れを排除するのではなく、制御するためのものだ」

——ヴィンセント・マクナブ

「彼らを恐れてはならない。あなたがたのためたに戦われるのはあなたがたの神、主であるからだ」

（申命記3章22節）

■

◆19

わたしに信頼しなさい。そうすれば「**わたしがあなたを守る**」。

あなたは心の中で、自分の安全と無事とを深く願っている。

その願いは、活動することでしばらく紛らわせられても、それはほんの一時《いっとき》のことにすぎない。

こうした感情は、実はとても目的にかなっている。

うまく用いれば、あなたをわたしに向かわせ、わたしがあなたを十二分に満たしていることを気づかせてくれるからだ。

現実にあなたを最後まで守りつづけることができるのは、このわたしだけなのだから……。

どんなことでも不安を感じはじめたら、わたしのもとに来なさい。

あなたの不安や気がかりなことをわたしに話してごらん。そしてわたしを信頼していることをはっきり言い表しなさい。

わたしへの信頼を声に出して言うことは、あなたとわたしを深く結びつけてくれる。また、欺瞞《ぎまん》の闇も押し返してくれる。

邪悪なものは、始まりのときから――エデンの園から、人々を欺きつづけてきた。その嘘に耳を貸してはならない。

そうではなく、わたしにあなたの信頼を置きなさい。「**わたしが絶対的な真理**」だからだ。

あなたが「**真理であるわたし**」を深く知るようになればなるほど、わたしは「**あなたをますます自由にしていく**」。

「人を恐れるとわなにかかる。／しかし**主**に信頼する者は守られる」

（箴言29章25節）

「そこで、神である**主**は女に仰せられた。『あなたは、いったいなんということをしたのか。』女は答えた。『蛇が私を惑わしたのです。それで私は食べたのです』」

（創世記3章13節）

「イエスは彼に言われた。『わたしが道であり、真理であり、いのちなのです。わたしを通してでなければ、だれひとり父のみもとに来ることはありません』」

（ヨハネの福音書14章6節）

「そして、あなたがたは真理を知り、真理はあなたがたを自由にします」

（ヨハネの福音書8章32節）

◆20

わたしは天地万物を統《す》べ治め、しかも恵み深い。この二つのことは、わたしが〝誰〟であるかについてのもっとも重要な真理である。

あなたが罪によって壊れたこの世界で悪戦苦闘しているとき、この二つの真理を同時に信じるのは、決してたやすいことではないだろう。

わたしは万物の支配者だから、あなたやほかの人々に起こるすべての出来事は、最終的にはわたしの支配下にある。

このことは受け入れがたいときもあるだろう。とくに、殺戮《さつりく》や大惨事に見舞われたときは――。

こうした残虐行為の只中で、多くの人がこう結論づける。冷酷な神でなければ、こんな世界を監督はできないだろう、と……。

わたしは完全に恵み深い神であることをあなたに断言する。「わたしは光そのものであって、わたしのうちには暗いところが少しもない」

おびただしい災いさえものともしないわたしの完璧な恵みは、とうていあなたの理解の及ぶところではない。

こうした神の神秘を理解するのに苦労したら、わたしのところに来なさい。

わたしがあなたのことを心にかけ、理解していることを信じて、自分の思いを自由に言い表してごらん。

そしてあなたの限りある心を、わたしの限りない知恵と、万物の支配者であるわたしのやり方に従わせるのだよ。

理解したいという欲求は手放して、あわれみ深いわたしのもとで心を休めなさい。

子どものような信頼を寄せて、決してわたしから離れないように。たとえ謎めいていても、「わたしの道は完全である」ことを信じて……。

●

「〔万軍の主は〕永久に死を滅ぼされる。／神である主はすべての顔から涙をぬぐい、／ご自分の民へのそしりを全地の上から除かれる。／主が語られたのだ」

（イザヤ書25章8節）


「神は光であって、神のうちには暗いところが少しもない。これが、私たちがキリストから聞いて、あなたがたに伝える知らせです」

（ヨハネの手紙第一 1章5節）


「神、その道は完全。／主のみことばは純粋。／主はすべて彼に身を避ける者の盾」

（詩篇18篇30節）

●●●

◆21

「あなたの罪をわたしに言い表しなさい」

わたしの前で自分自身と正直に向き合うことを怖がらなくてもいい。

このまばゆい光の中で、あなたはわたしの完全な基準から外れた多くのものを見ることができる。

これは落ち着かない思いがするだろうが、逃げ出したり、責任転嫁をしないように――。

それよりもこれらの事柄についてわたしに同意し、すべてをわたしに任せなさい。

そして何よりも喜ぶこと。わたしがあなたのすべての罪に対して、その代価を支払い、すべての罰を受けたのだから……。

わたしの血そのものであなたのために贖った赦しを、喜んで受けなさい。

あなたを赦すとき、**「わたしはすべての悪からあなたをきよめる」**。そしてあなたに、**「わたしの全き正義の衣を着せる」**。

わたしとともに**「光の中を歩んでいるなら」**、あなたの内はこれからもずっときよめつづけられる。

この、わたしの血によるきよめの業《わざ》によって、あなたはわたしと、そして**「わたしの光の中を歩む」**人たちと、いつもつながっていられる。

「幸いなことよ、わたしの顔の光の中を歩む民は。彼らは、わたしの名をいつも喜び、わたしの義によって高く上げられる」

●

「もし、私たちが自分の罪を言い表すなら、神は真実で正しい方ですから、その罪を赦し、すべての悪から私たちをきよめてくださいます」

（ヨハネの手紙第一1章9節）

「わたしは主によって大いに楽しみ、／わたしのたましいも、わたしの神によって喜ぶ。／主がわたしに、救いの衣を着せ、／正義の外套をまとわせ、／花婿のように栄冠をかぶらせ、／花嫁のように宝玉で飾ってくださるからだ」

（イザヤ書61章10節）

「しかし、もし神が光の中におられるように、私たちも光の中を歩んでいるなら、私たちは互いに交わりを保ち、御子イエスの血はすべての罪から私たちをきよめます」

（ヨハネの手紙第一　1章7節）

「幸いなことよ、喜びの叫びを知る民は。／主よ。彼らは、あなたの御顔の光の中を歩みます。／彼らは、あなたの御名をいつも喜び、／あなたの義によって、高く上げられます」

（詩篇89篇15～16節）

● ● ●

◆22

「わたしは知恵の道をあなたに教え、正しい道筋にあなたを導いた」

わたしは、時おりあなたがひどく困惑しているのを知っている。これからどうすればいいのか、進むべき道を見つけたいとどれほど願っているかも……。

あなたはこれまでさまざまなことを試してきた。とても有望だったときもある。

なのに、あなたの希望に満ちた道の先にあったのは失望だった。

わたしはあなたのこれまでの旅がどんなに困難なものだったかをよく知っている。そのことを、あなたにわかってほしい。

そして、わたしがそのすべてから良いものを引き出せることも約束しよう。

これは「知恵の道」――あなたの人生に何が起ころうともわたしを信じて頼ること。

この信頼によってこそ、あなたはわたしに従って正しい道を進んでいける。

旅の途中には、何の脈絡もなく、いきなり出現したように見えたり、間違っているように感じられることがたくさんあるだろう。

それでもわたしは、そのすべてを包括的な「**益とする計画**」――わたしの全体計画に、組み入れることができる。

だから、一時的に事態がどんなふうに見えても、そのことに惑わされてはいけない。

あなたは巨大な絵の、ごく小さな部分を見ているにすぎないのだから――。

あなたの限られた視点から見ると、あなたの旅路は、わかりにくい曲がりくねった道のせいで、まごつきとまどうことも多いかもしれない。

けれどもわたしは、全体像をとらえる無限の視点によって、まさに「**正しい道筋にあなたを導いて**」いるのだよ。


「私は知恵の道をあなたに教え、／正しい道筋にあなたを導いた」（箴言4章11節）

「神を愛する人々、すなわち、神のご計画に従って召された人々のためには、神がすべてのことを働かせて益としてくださることを、私たちは知っています」（ローマ人への手紙8章28節）

「人の歩みは主によって定められる。／人間はどうして自分の道を理解できようか」（箴言20章24節）

◆
23

「わたしの喜びと平和に満たされなさい」

わたしのもとで静かに座って、心の奥底からわたしを信頼するとき、その喜びと平安があなたの内に流れこむ。これらの恵みは、あなたの魂を養うのに欠かせないものだ。

「主の喜びはあなたの力」。だから、この喜びの贈り物をおろそかにすることのないように——。

これはどんな時や場合にも与えられるものだが、自分で見つけなければいけないこともある。

また、平安も常にあなたに必要なものだ。わたしはそれをあなたの**「信仰によって」**豊かに与えよう。

わたしが**「望みの神」**であることを忘れないようにしなさい。

わたしが与える希望は、そうなればいいのに、というような願望的思考ではない。百パーセント確かなものだ。

といっても、まだ完全には実現していないものを指している。

それが確実そのものなのは、わたし自身が十字架の上で成し遂げた業《わざ》によってそれを得たからだ。

この希望は、あなたがわたしに見いだす喜びと平安の土台をなすもの……。

今このときの人生がどれほど困難なものであっても、あなたには尽きせぬ喜びが天国で待っているという確証が与えられている。そこに「わたしはあなたのために場所を備えている」。

この輝かしい真理に思いを馳せれば、あなたは

「聖霊の力によってあふれる望み」を楽しむことができるのだから……。

●

「どうか、望みの神が、あなたがたを信仰によるすべての喜びと平和をもって満たし、聖霊の力によって望みにあふれさせてくださいますように」

（ローマ人への手紙15章13節）

「さらに、ネヘミヤは彼らに言った。『行って、上等な肉を食べ、甘いぶどう酒を飲みなさい。何も用意できなかった者にはごちそうを贈ってやりなさい。きょうは、私たちの主のために聖別された日である。悲しんではならない。あなたがたの力を主が喜ばれるからだ「主の喜びがあなたがたの力となるからだ」』」

（ネヘミヤ記8章10節）

「わたしの父の家には、住まいがたくさんあります。もしなかったら、あなたがたに言っておいたでしょう。あなたがたのために、わたしは場所を備えに行くのです。わたしが行って、あなたがたに場所を備えたら、また来て、あなたがたをわたしのもとに迎えます。わたしのいる所に、あなたがたをもおらせるためです」

（ヨハネの福音書14章2〜3節）

■

「希望は、あなたと天国をつなぐ金の糸だ。あなたはこの糸に助けられて、さまざまな試練にもみくちゃにされているときでさえ、顔を上げて毅然としていられる。

…略…

希望はあなたの視点を、自分の疲れた足から上げ、高みの道から見ることのできるすばらしい眺めへと移してくれる。
そしてあなたは思い起こす――わたしたちが一緒に旅している道は、最後には天国に通じる本道であることを……」

――『わたしは決してあなたをひとりにしない』

「まさしく、聖書に書いてあるとおりです。
『目が見たことのないもの、
耳が聞いたことのないもの、
そして、人の心に思い浮かんだことのないもの。
神を愛する者のために、
神の備えてくださったものは、みなそうである』」

（コリント人への手紙第一2章9節）

◆24

あなたが闇の中を――逆境を歩んでいるときは、この闇はずっと先まで続いているのだと思いこみやすい。

苦難と闘うのが長引けば長引くほど、目の前の道の暗さは増していくように見える。そして、自分が再び明るい道を歩いている姿を想像するのがますます難しくなる。

しかたないさ、とあきらめて、不幸を旅の道連れにしてもいいと、つい思いそうになる。

だからそんなときこそ、このわたしがあなたの変わらぬ道連れであると思い起こすことが決定的に重要なのだ。

それだけではない。わたしは全能の神だから、

「**あなたのやみを照らす**」ことができる。


今にも絶望の底に沈みそうだと感じたら、わたしに助けを求めなさい。

わたしの手にしっかりとつかまって、闇の中を
「**信仰によって歩んで**」いこう。

あなたを押しつぶそうとしている現状にばかりとらわれるのをやめること。

それよりも信仰の目を前に向けて、今よりずっと明るい時を見つめて、わたしをほめたたえなさい。

あなたが暗闇の只中でもわたしを賛美するなら、わたしはあなたが前方の道に「**あけぼのの光**」を見られるようにする。

賛美の心を忘れずに、わたしと一緒に信仰の道を歩みつづけよう。

うまずたゆまず、この道を歩んでいけば、微かな光はしだいに「**いよいよ輝きを増して真昼のようになる**」だろう。

●

「神である主の霊が、わたしの上にある。／主はわたしに油をそそぎ、／貧しい者に良い知らせを伝え、／心の傷ついた者をいやすために、／わたしを遣わされた。／捕らわれ人には解放を、囚人には釈放を告げ……」

（イザヤ書61章1節）


「主よ。あなたは私のともしび。／主は、私のやみを照らされます」

（サムエル記第二22章29節）

「確かに、私たちは見るところによってではなく、信仰によって歩んでいます」
（コリント人への手紙第二5章7節）

「義人の道は、あけぼのの光のようだ。／いよいよ輝きを増して真昼となる」
（箴言4章18節）

●●●

◆25

わたしをしっかりと見つめ、問題にはちらっと目をやるだけ――これが、勝利の人生を送る秘訣である。

あなたはともすると、問題のほうを長期にわたって凝視する傾向がある。わたしのことは、助けを求めるのにちらっと見るだけになりやすい。

これは罪に堕《お》ちた世界で生きる、罪に堕ちた心の持ち主なら当然のことだ。

とはいえ、わたしはあなたに人間的な思いを超えた霊的な生き方をするように呼びかけ、それを可能にする力を与えた。

わたしを信じるすべての人々の内に住む聖霊が、あなたを、自分を超えた――生まれながらの性癖を超越した生き方ができるようにしてくださる。

聖霊の助けを借りて、わたしから目を離さずにいること。

問題に過度に注意を向けるようになったら、いつでもあなたの注意をわたしに引き戻せるように、聖霊に警告していただきなさい。

これは簡単なことではない。自然な性癖に反しているだけでなく、生まれ育った文化に相いれないことでもあるからだ。

それればかりか、邪悪な者とその部下の悪霊たちが、あなたをわたしから引き離そうと手ぐすね引いている。

これらすべての影響力が一丸となって、あなたにひどい重圧をかける。おまえが抱えている問題から目をそらすな、さもないとひどい目に会うぞ！と——。

だからあなたには、聖霊の継続した助けが必要なのだ。

聖霊に願って、困難に対処できるようにどんな場合にも必要なだけ力を貸していただきなさい。そのあいだもずっとあなたの注意の大半を、わたしのために——あなたの常に変わらぬ道連れに、とっておけるように……。

●

「信仰の創始者であり、完成者であるイエスから目を離さないでいなさい。イエスは、ご自分の前に置かれた喜びのゆえに、はずかしめをものともせずに十字架を忍び、神の御座の右に着座されました」（ヘブル人への手紙12章2節）
「わたしは父にお願いします。そうすれば、父はもうひとりの助け主をあなたがたにお与えになります。その助け主がいつまでもあなたがたと、ともにおられるためにです。その方は、真理の御霊です。世はその方を受け入れることができません。世はその方を見もせず、知りもしないからです。しかし、あなたがたはその方を知っています。その方はあなたがたとともに住み、あなたがたのうちにおられるからです」

（ヨハネの福音書14章16～17節）

「私たちは、見えるものにではなく、見えないものにこそ目を留めます。見えるものは一時的であり、見えないものはいつまでも続くからです」

（コリント人への手紙第二4章18節）

●●●

◆26

「いつまでもわたしに信頼せよ。わたしは、とこしえの岩だから」

しばらくのあいだなら、わたしに信頼するのはたやすい。とりわけ、あなたの人生がうまくいっているときは――。

けれど、わたしがあなたに求めているのは、どんなときにも何があっても、わたしに信頼することだ。

それがどんなに難しい課題であるか、わたしにはわかっているし、この挑戦にあなたが時々失敗することも知っている。

それでも、どれだけ失敗しても、わたしはあなたを百パーセント愛することをやめない。

こうしてわたしの変わらぬ愛を確信することで、あなたはわたしのもとに――わたしに信頼することに引き戻される。

あなたの信頼が不完全で不安定でも、わたしは「とこしえの岩」――絶対に揺れ動かず、決して変わらない。

さあ、わたしに「**拠り頼みなさい**」！

この世界を歩いていて足元がゆらぐのを感じた

ら、わたしがあなたの岩であることを思い起こしなさい。いつでもあなたがしっかりと立つことのできる安定した場所を提供するから……。

わたしはあなたのすべての重荷を――あなたが抱えている問題も含めて、やすやすと担うことができる。

だから、心配事の**「重荷を負っている」**と感じたときは、**「わたしのところに来なさい」**。**「心を尽くしてわたしに拠り頼む」**ために……。

●

「いつまでも主に信頼せよ。／ヤハ、主は、とこしえの岩だから」（イザヤ書26章4節）

「すべて、疲れた人、重荷を負っている人は、わたしのところに来なさい。わたしがあなたがたを休ませてあげます」（マタイの福音書11章28節）

「心を尽くして主に拠り頼め。／自分の悟りにたよるな」（箴言3章5節）

●●●

◆27

「望みを抱いて喜びなさい」

時には、あなたの人生（と、この世界）が置かれている情況のせいで、とても喜ぶどころではないこともあるだろう。

喜びを求めるとき、あなたはどこに向かうだろうか。

真の喜びを見つけるのに最適な場所のひとつが希望である。

「わたしの召しによって与えられる望みがどのよ

うなものか、あなたが受け継ぐものがどのように栄光に富んだものか」をあなたに知ってほしい。

あなたとわたしは共同相続人だから、この恵みは間違いなくあなたのものだ。

現状に押しつぶされそうになったら、懸命に希望にしがみつきなさい！

希望があなたをただ生きながらえるだけでなく、喜びに満ちあふれた人生を送れるように助けてくれるから……。

ある意味で、希望は熱気球のようなものだ。きわめて浮揚性が大きいので、あなたを苦難から引き上げてくれる。

あなたをわたしとともに天へ高く昇らせ、あなたが高い視点から、大きく全体像をとらえて物事を見ることができるように助けてくれるのだ。

この天の旅に出発するためには、あなたは熱気球の吊り籠《ゴンドラ》に乗りこまなければならない。わたしに託した希望は絶対にあなたを落とすようなことはない、と固く信頼することで……。

「確かにあなたの将来は希望にあふれている。あなたの望みは断ち切られることはない」

●

「望みを抱いて喜び、患難に耐え、絶えず祈りに励みなさい」（ローマ人への手紙12章12節）

「どうか、私たちの主イエス・キリストの神、すなわち栄光の父が、神を知るための知恵と啓示の御霊を、あなたがたに与えてくださいますように。また、あなたがたの心の目がはっきり見えるようになって、神の召しによって与えられる望みがどのようなものか、聖徒の受け継ぐものがどのように栄光に富んだものか〔を、あなたがたが知ることができますように〕」
（エペソ人への手紙1章17～18節）

「〔将来は希望にあふれている〕。／あなたの望みは断ち切られることはない」
（箴言23章18節。〔　〕内はリビングバイブル）

◆28

「あなたが苦しみの中を歩いても、わたしはあなたを生かそう」

それゆえ、問題があっても、それに怯《おび》えることはない。

「あなたの神であるわたしは、あなたのただ中にいる」――このことを、心に刻みつけなさい。わたしは、この世のすべての問題よりも偉大な神である。

「わたしの右の手があなたを救う！」わたしの手をしっかりと握っていれば、あなたはどんなにつらいときでも確信をもって歩いていける。

わたしはあなたを、苦難に耐えるだけでなく、それを乗り越えることで前よりも強くすることができる。

そうはいっても、あなたは険しい道を旅しているので、時には疲れ切って、倒れそうな気がすることもあるだろう。

これを、わたしがあなたといることを不快に思っているせいだ、などと深読みしてはいけない。

それは罪に汚れた、堕落した世界で生きていくことの一部にすぎないのだから……。

あなたはひとりではないことを忘れてはいけない。あなたにはわたしがついている。

そして「**世にあるあなたがたの兄弟である人々は同じ苦しみを通って来たのだ**」。

だからわたしと常に心を通わせながら、この課題の多い道をあきらめずに歩いていこう。

わたしが生きてあなたのそばにいることは、あなたを生き返らせ、「**力を与え、平安をもって、あなたを祝福する**」。


「私が苦しみの中を歩いても、あなたは私を生かしてくださいます。／私の敵の怒りに向かって御手を伸ばし、／あなたの右の手が私を救ってくださいます」

（詩篇138篇7節）


「あなたの神、主は、あなたのただ中におられる。／救いの勇士だ。／主は喜びをもってあなたのことを楽しみ、／その愛によって安らぎを与える。／主は高らかに歌ってあなたのことを喜ばれる」

（ゼパニヤ書3章17節）


「堅く信仰に立って、この悪魔に立ち向かいなさい。ご承知のように、世にあるあなたがたの兄弟である人々は同じ苦しみを通って来たのです」

（ペテロの手紙第一5章9節）


「主は、ご自身の民に力をお与えになる。／主は、平安をもって、ご自身の民を祝福される」

（詩篇29篇11節）

◆29

「わたしが父におり、あなたがわたしにおること」――これは深遠な「奥義」である。

わたしはこの宇宙全体を創造し、支える無限の神であり、あなたは罪に堕ちた有限の人間だ。

それでもあなたとわたしは、ともに生きているだけではなく、お互いの中に生きている。

わたしはあなたの内にいて、あなたを満たしている。これはどんな人間関係にも決して見いだすことのできない深く豊かな絆なのだ。

何十年も連れ添ってきた夫婦でさえも、相手の考えや感じていることをすべてわかるわけではない。

けれどもわたしは、あなたのことは何もかもわかっている。あなたの心の奥深くにある思いや感情も、そしてあなたが明日出会う出来事も……。

わたしの子どもたちにとって、自分がひとりぼっちだというのは単なる思いこみにすぎない。世界中がわたしの存在に満たされ、活気にあふれているからだ！

「あなたはわたしの中に生き、動き、また存在している」

あなたの歩むひと足ひと足、あなたの語るひと言ひと言、あなたの呼吸するひと息ひと息――そのすべてが、わたしのもとでわたしに見守られ、わたしに抱かれるようにして行われている。

あなたはわたしの、目には見えないが現実そのものの存在に完全に浸っている。

わたしを意識すればするほど、あなたは自分が活き活きとし、満たされていくのを感じる。わたしとの結びつきは、あなたの人生の一瞬一瞬を意味深いものとしていく。

●

「その日には、わたしが父におり、あなたがたがわたしにおり、わたしがあなたがたにおることが、あなたがたにわかります」（ヨハネの福音書14章20節）

「神は聖徒たちに、この奥義が異邦人の間にあってどのように栄光に富んだものであるかを、知らせたいと思われたのです。この奥義とは、あなたがたの中におられるキリスト、栄光の望みのことです」（コロサイ人への手紙1章27節）

「こうしてキリストが、あなたがたの信仰によって、あなたがたの心のうちに住んでいてくださいますように。また、愛に根ざし、愛に基礎を置いているあなたがたが……人知をはるかに越えたキリストの愛を知ることができますように。こうして、神ご自身の満ち満ちたさまにまで、あなたがたが満たされますように」（エペソ人への手紙3章17、19節）

「私たちは、神の中に生き、動き、また存在しているのです。あなたがたのある詩人たちも、『私たちもまたその子孫である』と言ったとおりです」（使徒の働き17章28節）

●●●

◆ 30

「あなたの重荷をわたしにゆだねなさい。わたしがあなたのことを心配する」

あなたがどんな情況に置かれようとも、わたしはあなたに切り抜けさせることができるし、そうさせる。

時おり、あなたは自分を取り巻く環境があまりにも重すぎて、押しつぶされそうになることがある。

そんなときは、ひとりで重荷に立ち向かおうとしないことだ。

その重荷をわたしのところに携えてきて、わたしに託し、重荷から解放されなさい。

現状はすぐには変わらないかもしれないが、こうすることであなたは、真の解放感を得ることができる。

「あなたの重荷をわたしにゆだねる」ことは、霊的な契約である。

あなたは、自分の人生はわたしの支配下にあること、結果は最終的にはわたしの領域にあることを認める。

これであなたの肩の荷はいっぺんに軽くなり、自分の手におえない事柄に責任を感じなくてもすむようになる。

「疲れたとき、重荷を負っているときは、わたしのところに来なさい。わたしがあなたを休ませてあげよう」——わたしはそう約束してきた。

「わたしの変わらぬ愛に拠り頼み」、「わたしのくびきを負いなさい」

そうすれば、あなたの重い荷はわたしが担《にな》う。

「わたしのくびきは負いやすく、わたしの荷は軽いからだ」

「あなたの重荷を主にゆだねよ。／主は、あなたのことを心配してくださる。／主は決して、正しい者がゆるがされるようには／なさらない」

（詩篇55篇22節）

「すべて、疲れた人、重荷を負っている人は、わたしのところに来なさい。わたしがあなたがたを休ませてあげます。わたしは心優しく、へりくだっているから、あなたがたもわたしのくびきを負って、わたしから学びなさい。そうすればたましいに安らぎが来ます。わたしのくびきは負いやすく、わたしの荷は軽いからです」

（マタイの福音書11章28～30節）

「私はあなたの恵み〔変わらぬ愛〕に拠り頼みました。／私の心はあなたの救いを喜びます」

（詩篇13篇5節）

「キリスト教は現実に即している。というのも、真実のないところには希望もない、と言っているからだ」

――フランシス・A・シェーファー

「主よ。あなたの恵みによって、私を生かしてください。みことばのすべてはまことです。あなたの義のさばきはことごとく、とこしえに至ります」

（詩篇119篇159～160節）

◆

31

傷ついたときは、わたしのもとに来なさい。わたしへの信頼を声に出して表し、あなたを取り巻くわたしの愛に気づくように努めなさい。

わたしの平安――「人のすべての考えにまさる平安」を吸いこんで……。

時間を取って、わたしと過ごす時間をもうけること。

わたしのもとで喜びを経験するには、静かに座ってわたしに思いを集中する必要がある。

さまざまな計画や問題があなたの心に忍びこもうとしたらきっぱりつっぱねて、わたしの喜びと平安、わたしの変わらぬ愛を、〝はい〟と受け入れなさい。

わたしのそばで生きることは、まさしくこの世のものを超越することだ。

この世は困難なことだらけだが、「わたしはすでに世に勝っている！」

わたしを見上げることであなたの問題を超えるように、とわたしは呼びかける。

次のように言って、わたしへの信頼を表明しなさい。「イエスさま、あなたを信じておゆだねします。あなたはわたしの希望です」と……。

続けて声に出して祈れるこうした短い祈りは、あなたがほかのすべてを超越した生き方をするのを――「わたしとともに天の所にすわる」のを、助けてくれる。

わたしはあなたが「世に打ち勝つ者」となるよ

うに——あなたを縛り付けている情況から解き放されるように訓練しているのだから……。

「何も思い煩わないで、あらゆる場合に、感謝をもってささげる祈りと願いによって、あなたがたの願い事を神に知っていただきなさい。そうすれば、人のすべての考えにまさる神の平安が、あなたがたの心と思いをキリスト・イエスにあって守ってくれます」

（ピリピ人への手紙4章6〜7節）

「わたしがこれらのことをあなたがたに話したのは、あなたがたがわたしにあって平安を持つためです。あなたがたは、世にあっては患難があります。しかし、勇敢でありなさい。わたしはすでに世に勝ったのです」

（ヨハネの福音書16章33節）

「〔神は〕キリスト・イエスにおいて、ともによみがえらせ、ともに天の所にすわらせてくださいました」

（エペソ人への手紙2章6節）

◆ 32

わたしはあなたを常に前へと導いていく。

逆境の中にあるとき、あなたはつい懐かしく後ろを振り返ってしまいがちだ。あなたの人生が今よりも安らかで、こんなにも複雑ではなかったように思える時期を……。

あなたは今よりも単純だったその時代に、バラ色のレンズを通して夢を馳せる。

あなたの祈りも、以前の楽だった情況に戻りたいという、この切なる思いを反映するものだ。けれどそれは、わたしがあなたのために備えた道ではない！

時間というものの性質から、旅にはただひとつの方向しかない。それは前へ進むこと。

あなたの地上における人生はひとつの旅……。生まれ落ちたときに始まり、天国の門で終わる。

わたしはあなたの旅の案内人……。あなたの務めは、わたしが導くどんなところへも必ず従っていくことだ。

時にはあなたがあまり行きたくない場所へ連れていくこともあるだろうが、これはあなたの救い主であり神としてのわたしの大権だ。

わたしはまた、あなたの「羊飼い」でもある。

わたしはあなたを常に、可能なかぎりの最善の道に導いていく。たとえ、それがどれほどつらく混沌とした道であっても……。

あなたの道が暗い谷にさしかかり、そこを抜けるのに苦しんでいるとき、わたしに目を向け、助けを求めなさい。

素直な気持ちでわたしに従い、暗闇と混沌《カオス》の只中でわたしを信じてゆだねなさい。

わたしはあなたが進む道の一歩一歩に、優しくあなたに付き添っている。

あなたがずっとわたしに寄り添っていれば、わたしはあなたに進むべき道を示し、少しずつ、**「あなたの闇を光へと変えていく」**。

「これは、ペテロがどのような死に方をして、神の栄光を現すかを示して、言われたことであった。〔イエスは〕こうお話しになってから、ペテロに言われた。『わたしに従いなさい』」
（ヨハネの福音書21章19節）

「主は私の羊飼い。／私は、乏しいことがありません。／……たとい、死の陰の谷を歩くことがあっても、／私はわざわいを恐れません。／あなたが私とともにおられますから。／あなたのむちとあなたの杖、／それが私の慰めです」
（詩篇23篇1、4節）

「あなたは私のともしびをともされ、／主、私の神は、私のやみを照らされます〔光へと変えていかれます〕」
（詩篇18篇28節）

●●●

◆
33

「わたしがあなたのために戦おう。あなたはじっとそのままでいればいい」

わが子よ、あなたがどんなに疲れているか、わたしにはわかっている。

あなたは水中にもぐってしまわないように必死に水面に顔を出しつづけ、力が尽きかけている。

今こそ、やっきになるのをやめ、あなたに代わってわたしに闘いをゆだねるときだ。

あなたにとって、それはたやすいことではないだろう。

あなたは、生き残るためには自分ががんばりつづけなければならないと思いこんでいる。それでもわたしはあなたに呼びかける。わたしのもとで休みなさい、と……。

わたしはあなたに代わって労している。だから「**静まって、わたしこそ神であることを知りなさい**」。


身体を動かさずにじっとしているのも難しいものだが、心を静めたままにしておくのは、とうてい不可能に思えることが多い。

あなたは安心感を得たいと必死になって、自分の考えにあまりにも依存しすぎている。

そうやって自力で事態を収めたいとあがくことで、あなたの心は自主独立の位置に押し上げられてしまった。

だからこそ、あなたには聖霊の介入が必要なのだ。

聖霊にもっともっと「**あなたの思いを治めていただく**」ように願って、内側からすっかり静めていただきなさい。

わたしがあなたのために戦っているあいだ、「**全能者の陰に宿る**」時間を取ることを忘れずに……。

●

「主があなたがたのために戦われる。あなたがたは黙っていなければならない〔じっとそのままでいればいい〕」（出エジプト記14章14節）
「やめよ。／〔静まって、〕わたしこそ神であることを知れ。／わたしは国々の間であがめられ、／地の上であがめられる」（詩篇46篇10節）
「肉の思いは死であり、御霊による〔が治める〕思いは、いのちと平安です」（ローマ人への手紙8章6節）

「いと高き方の隠れ場に住む者は、／全能者の陰に宿る」
（詩篇91篇1節）

◆34

クリスチャンの希望はわたしの存在と強固につながっている。わたしは、今もこれからも永遠にあなたのそばにいる。

だからあなたは、わたしの存在を意識すればするほど希望を感じることができる。

たとえ「わたしがあなたとともにいる」ことを信じていても、時にはわたしから遠く離れた感じがすることもあるだろう。そうすると、あなたの希望はしぼんでしまう。

そんなときは、ためらわずにわたしの助けを求めなさい。

たとえば、ごく簡単にこう祈るだけでもいい――「イエスさま、いつもあなたのことを意識していられるようにしてください」

この祈りはとても短くて簡潔なので、いつでも必要なときに使える。

時には、むなしさと孤独を感じて元気の出ない日もあるだろう。

それでもそんなとき、わたしはあなたに言う――「あなたのものにならないのは、あなたが願わないからだ」と……。

「わたしに望みを託す」ことは、もっとも実際的な生き方である。わたしは宇宙を創造し、支えている神だからだ。

ゆえに、何ものもわたしの約束を妨げることはできない。

わたしがどんなに偉大ですばらしく、信頼できるかに、あなたが感嘆の声をあげるとき、あなたの賛美はあなたを希望で満たし、わたしの存在を豊かに感じさせてくれるだろう。

●

「わがたましいよ。／なぜ、おまえはうなだれているのか。／私の前で思い乱れているのか。／神を待ち望め〔神に望みを託すがよい〕。私はなおも神をほめたたえる。／御顔の救いを」

（詩篇42篇5節。〔　〕内はリビングバイブル）


「それゆえ、あなたがたは行って、あらゆる国の人々を弟子としなさい。そして、父、子、聖霊の御名によってバプテスマを授け、また、わたしがあなたがたに命じておいたすべてのことを守るように、彼らを教えなさい。見よ。わたしは、世の終わりまで、いつも、あなたがたとともにいます」

（マタイの福音書28章19～20節）


「あなたがたは、ほしがっても自分のものにならないと、人殺しをするのです。うらやんでも手に入れることができないと、争ったり、戦ったりするのです。あなたがたのものにならないのは、あなたがたが願わないからです」

（ヤコブの手紙4章2節）

●●●

悲嘆にくれているときは、残りの日々もずっと悲しみから逃れられないように感じるかもしれない。

それなら、わたしが「あわれみをかける」と約束したことを思い出してごらん。あなたへの「わたしの変わらぬ愛」はそんなにも大きいからだ！

苦しいときは、わたしのあわれみのしるしを探し求めなさい。

どんなに暗い日々にも、嵐の黒雲を幾筋もの光が貫き、希望と慰めを与える。

わたしの変わらぬ愛は、いつもあなたを照らしている。

わたしを見上げれば、「わたしの顔があなたを照らしている」のが見えるだろう。

「わたしのあわれみは決して尽きることはないか

◈
35

「たとい悩みを与える場合でも、わたしはあわれみをかけよう」

だからつらい目にあっても、絶望したり、早まって逃げ出そうとしたりしないことだ。

時機を決めるのはわたしの特権なのだから！

「天の下では、何事にも定まった時期があり、すべての営みには時がある」

悩むのにも時があり、わたしはあなたの益となるようにそれを用いる。

一年の四季とは違って、あなたの人生の季節は順番どおりにはいかないし、前もって予想することもできない。

らだ。それは朝ごとに新しい」

「たとい悩みを受けても〔悩みを与える場合でも〕、／主は、その豊かな恵み〔変わらぬ愛〕によって、／あわれんでくださる」

（哀歌3章32節。〔悩みを……〕はリビングバイブル）

「天の下では、何事にも定まった時期があり、／すべての営みには時がある」

（伝道者の書3章1節）

「**主**が御顔をあなたに照らし、／あなたを恵まれますように」

（民数記6章25節）

「私たちが滅びうせなかったのは、**主**の恵みによる。／主のあわれみは尽きないからだ。／それは朝ごとに新しい。／『あなたの真実は力強い。／**主**こそ、私の受ける分です』と／私のたましいは言う。／それゆえ、私は主を待ち望む」

（哀歌3章22～24節）

◆36

「わたしは、あなたの只中《ただなか》にいる。力ある救い主だ」

太陽が太陽系の中心であるのと同じように、わたしもあなたの全存在の――肉体面でも感情面でも霊的な面においても、中心である。

宇宙を創造したわたし――「**力ある救い主**」は、あなたの内に生きている。

この驚くべき真実をあなたの心の中に鳴り響かせて、奥底まで染みこませなさい。

そんなにも大きな力があなたの内に住まっていることの意味を、よく考えてごらん。

そのひとつは、自分の無力さを悩む必要はないということだ。

それどころか、「**わたしの力は、弱さのうちに完全に現れる**」。

わたしがあなたの内にいること、わたしが力ある救い主であることをたびたび思い起こしなさい！

わたしが自分の内にいることを意識して、失望を追い払い、「大いに喜ぶ」こと。

わたしのいのちの力があなたの中に流れこむことで、あなたは神の力によって強められるからだ。

「あなたの神、主は、あなたのただ中におられる。／救いの勇士〔力ある救い主〕だ。／主は喜びをもってあなたのことを楽しみ、／その愛によって安らぎを与える。／主は高らかに歌ってあなたのことを喜ばれる」

（ゼパニヤ書3章17節。〔　〕内はリビングバイブル）

「しかし、主は、『わたしの恵みは、あなたに十分である。というのは、わたしの力は、弱さのうちに完全に現れるからである』と言われたのです。ですから、私は、キリストの力が私をおおうために、むしろ大いに喜んで私の弱さを誇りましょう」　（コリント人への手紙第二12章9節）

「あなたがたを、つまずかないように守ることができ、傷のない者として、大きな喜びをもって栄光の御前に立たせることのできる方に……」

（ユダの手紙24節）

■

「新しい身体と新しい心、新しい知性を約束してくれる宗教は、ほかにはありません。ひとつとしてありません。ただキリストの福音においてのみ、人はそうした信じられないほどすばらしい希望を見いだすことができるのです」

――ジョニー・エレクソン・タダ

「彼らの目の涙をすっかりぬぐい取ってくださる。もはや死もなく、悲しみ、叫び、苦しみもない。なぜなら、以前のものが、もはや過ぎ去ったからである」

（ヨハネの黙示録21章4節）

■

◆

37

「わたしはあなたに、恵みとあわれみとの冠をかぶらせる」

あなたには、おびただしい量のこれらの恵みが必要だ。わたしはそれを喜んであなたに与える。

あなたの務めはわたしにすっかり心を開き、自分がどれほどそれらを必要としているかを、あなた自身とわたしに認めることだ。

多くの人は自分の窮乏と向き合うのを怖がっている。自分に欠けているものをすべて与えられる者なんかいるはずがない、と疑っているからだ。

人間的見地から言えば、それは正しい。

けれどもわたしには、わたしの子どもたちへの尽きせぬ恵みの源泉がある。

それだけではない、わたしの恵みは永遠の贈り物……。「**永遠の愛をもって、わたしはあなたを愛した**」からだ。

わたしはあなたをこよなく大切にしている！


わたしのすべての子どもたちは「**あわれみ**」――思いやりのある扱いを、必要としている。あなたも例外ではない。

わたしはあなたにさまざまなあわれみを与えている。心からの優しさをこめて……。

だから、ちょっとしたことで傷ついたり、弱さを感じたときはわたしのところへ来なさい。「**あなたの心をわたしの前に注ぎ出し**」、わたしのもとで憩いなさい。

あなたは、わたし自身の血で買い取った贖われた王族であることを忘れてはならない。堂々と自信をもって、平静でいること――。わたしが「**あなたに、恵みとあわれみとの冠をかぶらせる**」からだ。


「わがたましいよ。主をほめたたえよ。／私のうちにあるすべてのものよ。／聖なる御名をほめたたえよ。／わがたましいよ。主をほめたたえよ。／主の良くしてくださったことを何一つ忘れるな。／主は、あなたのすべての咎を赦し、／あなたのすべての病をいやし、／あなたのいのちを穴から贖い、／あなたに、恵みとあわれみとの冠をかぶらせ……」

（詩篇103篇1〜4節）

「主は遠くから、私に現れた。／『永遠の愛をもって、／わたしはあなたを愛した。／それゆえ、わたしはあなたに、／誠実を尽くし続けた』」

（エレミヤ書31章3節）

「民よ。どんなときにも、神に信頼せよ。／あなたがたの心を神の御前に注ぎ出せ。／神は、われらの避け所である」

（詩篇62篇8節）

◆38

あなたはわたしのもの……。

わたしがあなたを選び、「あなたをやみの中から、わたしの驚くべき光の中に招いた」。

あなたが、今もそして永遠にわたしのものであるという事実は、あなたの人生にゆるぎない土台を与えてくれる。

こうしてわたしとつながっていることであなたは、絶えず変化するこの世界にあっても、孤立したり、逸脱したりしている、と感じることから守られる。

自分を傷つけるとわかっている人や物事から離れられずにいる人々がたくさんいる。なんとかしてひとりぼっちになることから逃れたいからだ。けれどあなたはわたしのものだから、絶対にひとりぼっちにはならない。

「わたしはあなたを世界の基の置かれる前から選んだ」。あなたはわたしの王族の、永遠に変わらぬ一員なのだよ。

あなたはわたしを救い主として受け入れる前は、

霊的な闇の中を歩いていた。

わたしは自らの手で「あなたをやみの中から引き出し、わたしの光の中に招き入れた」。あなたが「わたしへの賛美を宣べ伝えるために」……。

これは喜ばしい特権であり、義務である。

わたしはあなたに、わたしの驚くべき神性について人に語る務めを託してきた。

この務めを効果的に果たすためには、わたしが主なる神であることのかぎりない恵みを深く探求する必要がある。それにはわたしのことばを学ぶことだ。

また、「わたしをおのれの喜びとする」ことも必要だ。そうすれば、わたしについて人に語るとき、わたしの喜びがあなたの顔から輝きだす。


「しかし、あなたがたは、選ばれた種族、王である祭司、聖なる国民、神の所有とされた民です。それは、あなたがたを、やみの中から、ご自分の驚くべき光の中に招いてくださった方のすばらしいみわざ［へのすばらしい賛美］を、あなたがたが宣べ伝えるためなのです」

（ペテロの手紙第一 2章9節）


「私たちの主イエス・キリストの父なる神がほめたたえられますように。神はキリストにあって、天にあるすべての霊的祝福をもって私たちを祝福してくださいました。すなわち、神は私たちを世界の基の置かれる前から彼にあって選び、御前で聖く、傷のない者にしようとされました」

（エペソ人への手紙1章3～4節）


「主をおのれの喜びとせよ。／主はあなたの心の願いをかなえてくださる」

（詩篇37篇4節）

◆39

「強くあれ。雄々しくあれ。おののいてはならない。わたしがあなたの行く所どこにでも、あなたとともにあるからだ」

あなたはひどく弱さを感じているときでも、強く雄々しくあることを選択することができる。

といっても弱さを感じれば感じるほど、強くあることを選びとるのには努力がいる。

それはあなたがどこに目を向けるかに、すべてかかっている。

もしもあなたが自分自身と自分の問題ばかり凝視していたら、あなたの勇気は消えてなくなってしまうだろう。

雄々しくあることの選択は、わたしがあなたのために「あなたとともにいる」ことを確信できるかどうかにかかっている。

信仰の目で、あなたの前の道にいるわたしが、ひと足ひと足進むように招いているのを見なさい。常にわたしに目を向けつづけることで、あなたの力と勇気は強められる。

何もかもうまくいかないように思えるときも、落ちこんでしまわないこと。

わたしが驚きを与える神であることを心に刻みなさい。

わたしは、現況やあなたに見えるわずかばかりの可能性には限定されない。

限りなく創造的で力にあふれている。「わたし

にはどんなことでもできる」のだから……。

あなたの祈りがかなえられるのを長く待てば待つほど、解決は近づいている。

そのあいだは、わたしを待つこと――わたしの愛に気づくことが、幸いな生き方となる。**「わたしはいつくしみ深い。わたしを待ち望む者に」**

●

「わたしはあなたに命じたではないか。強くあれ。雄々しくあれ。恐れてはならない。おののいてはならない。あなたの神、主が、あなたの行く所どこにでも、あなたとともにあるからである』」（ヨシュア記1章9節）

「イエスは彼らをじっと見て言われた。『それは人にはできないことです。しかし、神にはどんなことでもできます』」（マタイの福音書19章26節）

「主はいつくしみ深い。／主を待ち望む者、主を求めるたましいに。／主の救いを黙って待つのは良い」（哀歌3章25～26節）

●●●

◆40

「わたしの力強い御手の下にへりくだりなさい」

あなたは、わたしの力強い手があなたの人生経験に働いているのをよくわかっている。時には自分では変えることのできない事態に陥って、支配者であるわたしの意志に押しつぶされるように感じることがあるだろう。

そんなときはつい、わたしやわたしのやり方に対していらだたしく思うかもしれない。

ところがそれは、かえって不満をつのらせ、自分のネガティブな感情にひきずられるだけだ。

また、いらだちはあなたをわたしから遠ざけることにもなる。


自分の置かれた情況に押しつぶされそうな気がしたら、わたしを見上げることで物の見方を変えるといい。

勇気をふるい起こしてこう言いなさい。「主よ、わたしはあなたの力強い御手の下にへりくだります」と——。

あなたの人生において、わたしとわたしのやり方を受け入れなさい。たとえ、束縛されたくないと思うことがあっても……。

こうすることであなたは、宇宙の創造主であり支え主であるわたしと闘うことから守られる。


この、あなたには勝ち目のない闘いに参戦するよりも、現状に対処して、そこから学ぶことにエネルギーを使いなさい。

わたしが賢明に定めた「ちょうど良い時に、あなたを高く」して、あなたを苦しみから救うことを信じて……。

●

「ですから、あなたがたは、神の力強い御手の下にへりくだりなさい。神が、ちょうど良い時に、あなたがたを高くしてくださるためです」

（ペテロの手紙第一5章6節）


「主はあなたに告げられた。／人よ。何が良いことなのか。／主は何をあなたに求めておられるのか。／それは、ただ公義を行い、誠実を愛し、／へりくだって／あなたの神とともに歩むことではないか」

（ミカ書6章8節）

「しかし、神は、さらに豊かな恵みを与えてくださいます。ですから、こう言われています。『神は、高ぶる者を退け、へりくだる者に恵みをお授けになる。』……主の御前でへりくだりなさい。そうすれば、主があなたがたを高くしてくださいます」

（ヤコブの手紙4章6、10節）

●●●

◆41

あなたの人生は、たとえ自分の望むようにならないことが多くても、良いものになり得る。

あなたはさかんに人生をもっと自分の思いどおりにしたがっているが、それはわたしのやり方ではない。

わたしがあなたに望んでいるのは、万物の支配者であるわたしのもとでもっと気持ちを楽にして、一日一日をわたしからの良き贈り物として受け取ることを学ぶこと。たとえ、その贈り物に何が入っていても……。

自分の手にあまる物事に対しては責任はないことを覚えておきなさい。

限りある人間であるという制約を受け入れ、常にわたしに向かうこと――。「あくせくするのをやめて、わたしこそ神であることを知りなさい」「わたしが顔をあなたに照らし」ているのに気がつくことで、どんなに困難な日でもあなたの中に喜びが注ぎこまれる。

わたしを道案内にして、今日一日を一歩一歩進みなさい。

あなたはわたしを信じて従う者だから、過酷な霊的戦いの渦中にいる。いつもどおりの日常にも、ささいな霊的衝突は起こるだろう。

だから、あなたの人生の道をわたしに従っていくときは「目をさましていなさい」。

あなたの「信仰の大盾を取りなさい。それによって、悪い者が放つ火矢を、みな消すことができる」。

あなたに昼となく夜となく襲いかかる悪魔の嘘を見分けて、拒絶しなさい。

あなたが本当は誰であるのかという真実に、心の安らぎを見いだしなさい。あなたはわたしの愛する子、わたしの喜びなのだから……。


「〔やめよ。〔あくせくするのをやめて、〕/わたしこそ神であることを知れ。/わたしは国々の間であがめられ、/地の上であがめられる」

（詩篇46篇10節）

「主が御顔をあなたに照らし、/あなたを恵まれますように」

（民数記6章25節）

「身を慎み、目をさましていなさい。あなたがたの敵である悪魔が、ほえたける獅子のように、食い尽くすべきものを捜し求めながら、歩き回っています」

（ペテロの手紙第一5章8節）

「これらすべてのものの上に、信仰の大盾を取りなさい。それによって、悪い者が放つ火矢を、みな消すことができます」

（エペソ人への手紙6章16節）

◆42

今置かれている情況に押しつぶされそうな気がしたら、時間を取ってわたしに耳を傾けなさい。わたしがこう言うのが聞こえるだろう――「しっかりしなさい。わたしだ。恐れることはない」と……。

ストレスを感じているときにわたしに耳を傾けるのは、訓練と信頼が必要だ。

駆り立てられるような思いでは、わたしの「かすかな細い声」を聞きとることは難しい。

聖霊に願って、わたしの声が聞こえるように心を静めていただきなさい。

「平和の君」であるわたしが、どんなときにもそばにいることを心に留めて……。

わたしはあなたのそばにいるだけではない。あなたの置かれている情況の中にもいる。

それればかりか、あなたの身に起こるすべてのことを支配している。

わたしは決して悪を産み出した者ではないが、悪しき物を良いことのために用いることができる。

これはあなたの苦しみを取り去るものではないが、苦しみを一変させ、意味を与える。

だから、もしもあなたが困難の嵐に見舞われたらわたしはこう言おう――「しっかりしなさい。わたしだ」

今の情況の中にわたしがいる印《しるし》を探しなさい。

「もし、あなたが心を尽くしてわたしを探し求めるなら、わたしを見つけるだろう」

「しかし、イエスはすぐに彼らに話しかけ、『しっかりしなさい。わたしだ。恐れることはない』と言われた」

（マタイの福音書14章27節）


「地震のあとに火があったが、火の中にも主はおられなかった。火のあとに、かすかな細い声があった」

（列王記第一19章12節）


「ひとりのみどりごが、私たちのために生まれる。／ひとりの男の子が、私たちに与えられる。／主権はその肩にあり、／その名は『不思議な助言者、力ある神、／永遠の父、平和の君』と呼ばれる」

（イザヤ書9章6節）


「もし、あなたがたが心を尽くしてわたしを捜し求めるなら、わたしを見つけるだろう」

（エレミヤ書29章13節）

■

「希望とは、暗闇の中にその手を差し出す信仰である」

――ジョージ・アイルズ

「……前に置かれている望みを捕らえるためにのがれて来た私たちが、力強い励ましを受けるためです。この望みは、私たちのたましいのために、安全で確かな錨の役を果たし、またこの望みは幕の内側に入るのです」

（ヘブル人への手紙6章18～19節）

■

◆ 43

自分には、わたしの良き贈り物を受ける資格がある、と思わないように気をつけなさい。

わたしからの恵みを感謝して受け取りなさい。

ただし、それをわたしに返す場合も恨みがましく思わずに、進んで手離すように——。

大切なもの（仕事、家、健康、愛する人）を失ったとき、あなたは、喜ぶなんて理不尽だと思うかもしれない。

ところがそれは、この世的な考え方だ。

大きな損失はとてもつらいもの……。十分に悲しみ嘆く必要がある。

それでも時間と努力によって、まだ残っている良いものに集中することを学び、「決してあなたを見放さない」主なるわたしに喜びを見いだすことができる。

「悲しんでいるようでも、いつも喜んでいる」のは可能だと、心に刻みなさい。

使徒パウロはどんな情況においても喜ぶ秘訣を、あらゆる苦難を経験することで学んだ。

逆境の只中でも喜びを見いだす力を、聖霊がパウロにお与えになったのだ。聖霊は、あなたにも同じことをしてくださる。

ただし、わたしがあなたから取り去るものは何でも——それを失うことがどんなにつらくても、進んで手放さなければならない。

そしてあなたの注意をすべてわたしに向けること。わたしが決してあなたを手放さないことを信じて……。

「強くあれ。雄々しくあれ。彼らを恐れてはならない。おののいてはならない。あなたの神、主ご自身が、あなたとともに進まれるからだ。主はあなたを見放さず、あなたを見捨てない」

（申命記31章6節）

「あらゆることにおいて、自分を神のしもべとして推薦しているのです。……悲しんでいるようでも、いつも喜んでおり、貧しいようでも、多くの人を富ませ、何も持たないようでも、すべてのものを持っています」

（コリント人への手紙第二6章4、10節）

「しかし私は絶えずあなたとともにいました。／あなたは私の右の手を／しっかりつかまえられました。／あなたは、私をさとして導き、／後には栄光のうちに受け入れてくださいましょう」

（詩篇73篇23～24節）

◆44

愛する子よ、「ただわたしのもとで安らぎを見いだしなさい。あなたの望みはわたしから来るからだ」。

安らぎと希望はすばらしい組み合わせだ。どちらもわたしの中に豊かに見いだすことができる。

一部の人たちは、ぐっすり眠れるようにと最高のベッドや枕を（時には睡眠薬までも）探し求めている。本当に必要なものを与えることができるのは、このわたしだけなのに……。

わたしのもとで信頼して休むとき、わたしはあなたに新たな活力を与えるだけでなく、希望で満たす。


希望は人の生死を分ける。

戦争の捕虜が希望を捨てると、生存の可能性はぐっと少なくなる。

致命的な病気と闘っている人にも同じことがあてはまる。

だから、あなたのかけがえのない希望を大切に育むことが重要なのだ。

同様にきわめて大事なのは、あなたの希望を最終的にわたしに置くこと。情況は常に変化するが、わたしは「**きのうもきょうも、いつまでも、同じ**」だから……。


それだけではない。わたしはいのちを与える完全な愛で、あなたを愛している。

「あなたがわたしに希望を託したときに、わたしの変わらぬ愛があなたの上にあるように」

●

「私のたましいは黙って、ただ神を待ち望む〔ただわたしのもとで安らぎを見いだしなさい〕。／私の望みは神から来るからだ。／神こそ、わが岩。わが救い。わがやぐら。／私はゆるがされることはない」（詩篇62篇5～6節）
「〔モーセは〕ベニヤミンについて言った。『主に愛されている者。彼は安らかに、主のそばに住まい、主はいつまでも彼をかばう。彼が主の肩の間に住むかのように』」（申命記33章12節）
「イエス・キリストは、きのうもきょうも、い

つまでも、同じです」（ヘブル人への手紙13章8節）

「主よ。あなたの恵み〔変わらぬ愛〕が私たちの上にありますように。／私たちがあなたを待ち望んだ〔に希望を託した〕ときに」（詩篇33篇22節）

●●●

◆45

わたしは常にあなたのことを見守っている。

あなたが今どんな目にあっていようと、どれほど孤独を感じていようと、わたしがそばにいることを——あなたが置かれている情況をわかっていることを、信じなさい。

逆境に苦しんでいるときは、見捨てられた気分になりやすい。

だから、そんなときこそ、自分自身にこう言い聞かせることがきわめて重要になる——何ひとつとして**「わたしの愛からあなたを引き離すことはできない」**と……。

この真実が心に深くしみこんだとき、あなたはわたしと心を通わせあう備えができている。

わたしが優しくあなたに寄り添い、あなたの苦しみの中に身を置くのがわかるはずだ。

あなたがわたしを、今経験していることの中に、苦々しい思いも憤りもなしに迎え入れるとき、わたしたちの絆は深まっていく。

わたしとのこうした親密な時間を楽しむためには、あなたは**「自分の悟りにたよらずに」**わたしに**「拠り頼まなければ」**ならない。

わたしに「**依り頼む**」ことには、支えを求めて意識的にわたしにわたしによりかかることも含まれている。ちょうど、大きな岩にもたれることで、疲れ切っていても立ちつづけることができるように——。わたしはまさしく「あなたの避け所の岩」……。だから喜びなさい。わたしがあなたをこんなにも強く支え、こんなにも優しく愛していることを……。

「私はこう確信しています。死も、いのちも、御使いも、権威ある者も、今あるものも、後に来るものも、力ある者も、高さも、深さも、そのほかのどんな被造物も、私たちの主キリスト・イエスにある神の愛から、私たちを引き離すことはできません」

（ローマ人への手紙8章38～39節）

「心を尽くして主に拠り頼め。／自分の悟りにたよるな」（箴言3章5節）

「しかし主は、わがとりでとなり、／わが神は、わが避け所の岩となられました」（詩篇94篇22節）

◆ 46

「わたしの平和が、あなたの心を支配するようにしなさい。また、感謝の心を持つ人になりなさい」

わたしはあなたを、「**平和と感謝**」に満ちた人生を送るように招いてきた。このふたつは密接にかかわりあっている。

感謝の心を持てば持つほど、あなたはわたしの平安を受けることができる。

逆に、平安な思いでいればいるほど、感謝の心も持ちやすくなる。

穏やかな心でいれば、思考もはっきりして、わたしがあなたにふんだんに注いでいる多くの恵みに気づくようになる。

この落ち着いた感謝の心は情況には左右されない。それは、わたしが常に――あなたがわたしのやり方を理解できないときでさえも、最善をなしている、という信頼から来るものだ。

わたしの平安は、あなたの心の中でストライクとボールを判定する審判の役目を果たし、あなたの考えの中に浮かんでくる疑問や疑いを解決する。

不安を感じはじめたらいつでも、そうした感情をきっかけにして、わたしとのふれあいを求めなさい。

あなたの心を騒がせているものはどんなことでも、わたしに話しなさい。

あなたの求めるものをすべて「感謝をもって」、わたしのもとに携えてくること。

あなたはわたしのもの――親しい絆で結ばれているから、わたしは自ら、あなたの心をわたしの平安で守っている。

これは「人のすべての考えにまさる」霊的な平安であることを心に留めなさい。

●

「キリストの平和が、あなたがたの心を支配するようにしなさい。そのためにこそあなたがたも召されて一体となったのです。また、感謝の心を持つ人になりなさい」

（コロサイ人への手紙3章15節）

「神、その道は完全。／主のみことばは純粋。／主はすべて彼に身を避ける者の盾」

（詩篇18篇30節）

「何も思い煩わないで、あらゆる場合に、感謝をもってささげる祈りと願いによって、あなたがたの願い事を神に知っていただきなさい。そうすれば、人のすべての考えにまさる神の平安が、あなたがたの心と思いをキリスト・イエスにあって守ってくれます」

（ピリピ人への手紙4章6～7節）

●●●

◆47

「あなたがわたしを求めるなら、あなたにわたし自身を示そう」

「いつも、あなたとともにいる」というわたしの約束は、あなたが何事にも決してひとりで向き合わなくていいことを保証するものだ。

この約束は、わたしを救い主として信じてきたすべての人へのもの……。

それでも、この驚くばかりの恵みの恩恵を受けるためには、常にわたしを求めていなければならない。

これは簡単そうに聞こえるけれど、この世や人間の劣欲、悪魔の性向に反するものだ。

サタンは三つのことを用いて、あなたがわたしを見いだすのを邪魔しようとする——あなたの気をそらす、だます、がっかりさせる、ことだ。

この世界はわたしからあなたの気をそらせるものであふれている。だから、気持ちがさまよいだしてもうろたえなくていい。

にっこり笑ってわたしのもとに戻り、愛に満ち足りてわたしの名をささやいてごらん。

欺瞞は、アダムとエバの時代からサタンが用いる得意技のひとつだ。

サタンにだまされないようにする最善の防御は、わたしのことばを学んで吸収すること。

落胆は、すべての人が心のドアを叩かれたことがあるだろう。それでもあなたは落胆が自分の心に入りこむのを拒むことができる。

これらの狡猾な策略を退けてわたしを「求めるなら、きっと会える」から……。

●

「そこで、彼［アザルヤ］はアサの前に出て行き、彼に言った。『アサおよび、すべてユダとベニヤミンの人々よ。私の言うことを聞きなさい。あなたがたが主とともにいる間は、主はあなたがたとともにおられます。もし、あなたがたがこの方を求めるなら、あなたがたにご自身を示してくださいます［きっと会えるでしょう］。もし、あなたがたがこの方を捨て去るなら、この方はあなたがたを捨ててしまわれます』」（歴代誌第二15章2節）

「それゆえ、あなたがたは行って、あらゆる国の人々を弟子としなさい。……また、わたしがあなたがたに命じておいたすべてのことを守るように、彼らを教えなさい。見よ。わたしは、世の終わりまで、いつも、あなたがたとともにいます」
（マタイの福音書28章19〜20節）

「そこで、神である主は女に仰せられた。『あなたは、いったいなんということをしたのか。』女は答えた。『蛇が私を惑わしたのです。それで私は食べたのです』」
（創世記3章13節）

●●●

◆48

希望は、「あなたのたましいのために、安全で確かな錨《いかり》の役を果たす」。

荒れ狂う海を行く船は、安全な場所に錨を下ろす必要がある。

荒れた天候のときは、大型の船は港の避難所に入れないかもしれない。激しい波が船に打ちつけるからだ。

だからそれよりも小さな舟を使って、打ち寄せる波のあいだを抜け、大型船の錨を港へ運ぶこともあるだろう。

ひとたび錨が港に下ろされれば、船は安全に係留される。たとえ、船体は荒れ狂う海に浮かんだままでも……。

これは、人生の嵐の只中であなたの魂――あなたの不滅の部分を、希望がいかに安全で確実に守るかということを表したものだ。

この効果を高めるためには、あなたの罪の代価を支払うためにいのちをささげた救い主であり神であるわたしに、しっかりとあなたの希望を託さなければならない。
十字架につけられたあと、奇蹟的な復活をとげたことで、わたしはあなたの「生ける望み」となる権限を得た。
それどころか、わたしはあなたの想像もつかないほど豊かに生きている。
あなたの希望がわたしに結び合わされれば、わたしの力強い永遠のいのちを分かち合える。
いつの日か、あなたもわたしのような栄光を受けた身体をもつようになる！
それまでは、あなたの希望の錨が人生のもっとも激しい嵐のときもあなたを安全に守ってくれることを確信して、安心していなさい。

●

「この望みは、私たちのたましいのために、安全で確かな錨の役を果たし、またこの望みは幕の内側に入るのです。イエスは私たちの先駆けとしてそこに入り、永遠にメルキゼデクの位に等しい大祭司となられました」

（ヘブル人への手紙6章19～20節）

「私たちの主イエス・キリストの父なる神がほめたたえられますように。神は、ご自分の大きなあわれみのゆえに、イエス・キリストが死者の中からよみがえられたことによって、私たちを新しく生まれさせて、生ける望みを持つようにしてくださいました」

（ペテロの手紙第一1章3節）

「約束された方は真実な方ですから、私たちは動揺しないで、しっかりと希望を告白しようではありませんか」

（ヘブル人への手紙10章23節）

「たとえ、現状打破が不可能に思えるときでも、私たちの務めは〝神に希望を託す〟ことだ。私たちの希望が無駄になることはなく、主ご自身が図られる最善の時機に、助けはやってくる」

——ジョージ・ミュラー

「わがたましいよ。
なぜ、おまえはうなだれているのか。
私の前で思い乱れているのか。
神を待ち望め。私はなおも神をほめたたえる。
御顔の救いを」

（詩篇42篇5節）

◆

49

わたしは「**あなたを自由にする**」ために、あなたの人生に入った。

あなたがわたしの近くで生きれば生きるほど、あなたは自由になる。

わたしとふたりだけの時間を過ごすことで、あなたはわたしの永遠に変わらぬ存在に、さらに深く、さらに強く気づくようになる。

「**わたしの翼には、いやしがある**」——それは、わたしのそばで親しくふれあうこと……。

わたしのいやしは、あなたの過去の傷を包みこみ、出血を止める。

聖霊の慰めが癒しの効果を高める。

わたしの聖なる光の中で、あなたは物事を新たな視点から見られるようになる。古くて助けにならない考え方から解放されて……。

過去からの荷物を降ろすにつれて、あなたはどんどん自由になっていく。


わたしはあなたを、わたしが主なる神であることと、あなたのために行ってきたことの真実を通して、自由にする。

また、あなた自身とあなたの人生にかかわりのある人々についての真実と向き合うことも助ける。

もしも人間関係に傷つき、悩んでいるなら、わたしはあなたがそれを変えるか、そこから自由になるのを助けよう。


あなたが依存症の罠に陥っているなら、あなたに手を差し伸べ、自由に向かっての第一歩——真実を正直に告白することを、踏み出させる。

いかなる場合においても、「真理はあなたを自由にする」からだ。

●

「そして、あなたがたは真理を知り、真理はあなたがたを自由にします」

（ヨハネの福音書8章32節）


「あなたのいつくしみは、なんと大きいことでしょう。／あなたはそれを、／あなたを恐れる者のためにたくわえ、／あなたに身を避ける者のために／人の子の前で、それを備えられました。／あなたは彼らを人のそしりから、／あなたのおられるひそかな所にかくまい、／舌の争いから、隠れ場に隠されます」

（詩篇31篇19〜20節）

「しかし、わたしの名を恐れるあなたがたには、／義の太陽が上り、／その翼には、いやしがある。／あなたがたは外に出て、／牛舎の子牛のようにはね回る」

（マラキ書4章2節）

「こういうわけで、今は、キリスト・イエスにある者が罪に定められることは決してありません。なぜなら、キリスト・イエスにある、いのちの御霊の原理が、罪と死の原理から、あなたを解放したからです」

（ローマ人への手紙8章1〜2節）

●●●

◆50

「陽気な心は健康を良くする」

あなたは陽気になって然《しか》るべきだ。「**わたしはすでに世に勝ち、十字架上の勝利によって、あなたに危害を与える力をこの世から剝奪したからだ**」

そればかりか、あなたが人生の旅路で出会うものの何ひとつとして「**わたしの愛からあなたを引き離すことはできない**」。

わたしがあなたのために行ってきたこれらの輝かしい真実に思いを馳せれば、心は「**元気になり**」、あなたの顔は輝く。

喜びの心は、あなたの健康を――霊的な面と感情面、身体面において改善する。

だからあなたの心が喜びであふれるまで、感謝の思いで満たすこと。

時間を取って、わたしがあなたの主なる神であり、すべての恵みがわたしから流れ出ることを賛美しなさい。

わたしの光といのちに満たされなさい。わたしはあなたの内を神からのものでいっぱいにするように定めたのだから……。

この神による栄養はあなたの奥深くまで浸透して、あなたを丈夫にし、健康を増進する。「元気を出しなさい！」

●

「陽気な心は健康を良くし、／陰気な心は骨を枯らす」

（箴言17章22節）


「わたしがこれらのことをあなたがたに話したのは、あなたがたがわたしにあって平安を持つためです。あなたがたは、世にあっては患難があります。しかし、勇敢でありなさい〔元気を出しなさい〕。わたしはすでに世に勝ったのです〔勝ち、十字架上の勝利によって、あなたに危害を与える力をこの世から剝奪したからです〕」

（ヨハネの福音書16章33節）


「高さも、深さも、そのほかのどんな被造物も、私たちの主キリスト・イエスにある神の愛から、私たちを引き離すことはできません」

（ローマ人への手紙8章39節）

●●●

◆51

「わたしはいつくしみ深く、その恵みはとこしえまで。それゆえ、わたしに感謝し、わたしの名をほめたたえなさい」

わたしがいつくしみ深いという事実は、あなたが幸せな人生を送るのにきわめて重要なことだ。

もしもわたしに針の先ほどの悪意があったら、あなたは苦難に陥るだろう。

わたしが常に最善をなすということは、わたしの完全なるいつくしみ深さが保証している。

それでもあなたは、このことを信仰の表明として認めなければならない。あなたは深く罪に堕ちた星で生きているからだ。

それだからあなたにとって、この世の荒野を旅していくのに「見るところによってではなく、信仰によって歩む」ことが基本中の基本となる。

あなたが旅をする力を得る最善の方法のひとつは、わたしに感謝と賛美をささげること。

感謝し、賛美することであなたは、自分の悩みや悲しみから目を上げて、あなたがもっているわたしという輝かしい宝物へと視点を移すことができる。

感謝の心はあなたを、あなたの造り主であり救い主であるわたしに正しく従わせてくれる。

賛美はわたしとの親密さを強めてくれる。わたしは、「民の賛美を住まいとしている」から……。

あなたがわたしを賛美すればするほど、わたしとの親しさは深まっていく。

このことを胸に刻んで、わたしをあがめて賛美しなさい――「わたしの恵みはとこしえまで」

●

「感謝しつつ、主の門に、／賛美しつつ、その大庭に、入れ。／主に感謝し、御名をほめたたえよ。／主はいつくしみ深く／その恵みはとこしえまで、／その真実は代々に至る」（詩篇100篇4～5節）

「確かに、私たちは見るところによってではなく、信仰によって歩んでいます」（コリント人への手紙第二5章7節）

「けれども、あなたは聖であられ、／イスラエルの賛美を住まいとしておられます」（詩篇22篇3節）

「主に感謝せよ。／主はまことにいつくしみ深い。／その恵みはとこしえまで。／神の神であられる方に感謝せよ。／その恵みはとこしえまで。／主の主であられる方に感謝せよ。／その恵みはとこしえまで」（詩篇136篇1～3節）

●●●

◆

52

「誇る者は、ただ、これを誇りなさい。悟りを得て、わたしを知っていることを」

あなたが住んでいるこの世界は、ますます複雑になり、混乱してきている。

一生かかっても処理できないほどの情報が、指先ひとつですぐ手に入る。

あなたは実に多くのことを要求されている。この世界から、教会から、ほかの人々から、そしてあなた自身から……。

その結果、どうしたらいいのかわからなくなって、途方にくれやすくなる。

この混乱し切った心に平安を見いだすには、わたしの意志に従って優先順位を決める必要がある。

何よりも肝心なのは、わたしとの関係を最優先事項にすること。わたしとの絆を育み、強めることだ。


わたしを理解する――真実のわたしを知り、愛することほど、重要なことはない。

そのためには、一日を通してわたしとふれあいつづけるだけでなく、わたしに心を集中させる時間が必要だ。

わたしについてのもっとも明確で信頼できる教えは、聖書の中にある。

また、自然の美しさもわたしを「告げ知らせ」、わたしの栄光を明らかにする。

わたしを最優先事項にすることは、あなたの考え方に焦点を与える。

わたしがあなたの人生において最上位を占めるとき、ほかの優先事項はそれぞれ然《しか》るべき位置に落ち着くからだ。

「誇る者は、ただ、これを誇れ。／悟りを得て、わたしを知っていることを。／わたしは主であって、／地に恵みと公義と正義を行う者であり、／わたしがこれらのことを喜ぶからだ。／――主の御告げ――」　（エレミヤ書9章24節）
「天は神の栄光を語り告げ、／大空は御手のわ

ざを告げ知らせる。／昼は昼へ、話を伝え、／夜は夜へ、知識を示す」（詩篇19篇1〜2節）
「そこで、イエスは彼に言われた。『「心を尽くし、思いを尽くし、知力を尽くして、あなたの神である主を愛せよ。」これがたいせつな第一の戒めです』」（マタイの福音書22章37〜38節）

◆53

わたしのそばに来て、わたしのもとで休みなさい。

わたしはいつもあなたを取り巻き、あなたが呼吸している空気よりもそばにいる。

ひと息ごとに、わたしに「**拠り頼み**」なさい。

あなたは、酸素が必要なように、常にわたしを必要としている。

だから、わたしのもとに来ることを習慣づける訓練を無視しないように——。

あなたは気が散りやすいから、何度も何度もわたしのもとに戻ってこなければならない。

あなたはともすると、わたしという真の中心から突然それてさまよい出す傾向がある。だからといって、落胆することはない。

わたしのもとに戻るのに必要な調整をしつづければいいだけのことだ。

こうしたちょっとした修正を喜んで行いなさい——「**神の恵みに拠り頼んで**」

わたしとの絆をつなぎ直すには、わたしの名を用いること。

「イエスさま」とささやき、歌い、叫んで、「救ってくださる」という意味を思い出しなさい。わたしの名を、愛と信頼の言葉で飾って……。

わたしがあなたにとってどんな存在であるか、あなたのためにどんなことをしてきたかのすべてに思いをめぐらし、あなたの心を感謝であふれさせなさい。

これらを習慣にすることは、あなたをわたしに近づけ、わたしのもとで安らぐ助けになるはずだ。

「私のたましいは黙って、ただ神を待ち望む。／私の望みは神から来るからだ。／神こそ、わが岩。わが救い。わがやぐら。／私はゆるがされることはない」

（詩篇62篇5～6節）

「しかし、この私は、／神の家にあるおい茂るオリーブの木のようだ。／私は、世々限りなく、神の恵みに依り頼む」

（詩篇52篇8節）

「マリヤは男の子を産みます。その名をイエスとつけなさい。この方こそ、ご自分の民をその罪から救ってくださる方です」

（マタイの福音書1章21節）

◆54

「望みを抱いて喜びなさい」

歓声をあげなさい！　あなたには喜ぶだけの十分な理由がある。あなたは天国へ向かう道の途中にいるのだから……。

わたしはあなたの罪の代価を払い、あなたにわたしの義の衣を着せた。このことはあなたと、そしてわたしを救い主と信じているすべての人にとっての希望の基盤である。

今のあなたの人生にたとえどんなことが起こっても、わたしに託したあなたの希望はゆるぎはしない。

「だれもわたしの手からあなたを奪い去るようなことはない」。わたしによって、あなたは永遠に完全に守られる！

「絶えず祈りに励みなさい」。どんなときも、とくにあなたが悪戦苦闘しているときには……。

試練のときには、いつも以上にわたしと親しく**心を**通わせあうことが必要になる。

そうは言っても、ストレスと過労であなたの集中力は衰えているかもしれない。

だからあなたの内にある驚くべき力の源、聖霊を最大限に役立てること。

聖霊に願って、聖霊によって考え、祈れるように、**「あなたの心を治めて」**いただきなさい。

祈るときは、流暢に祈ろうとか、きちんと祈ろうとか思わなくていいのだよ。

今の状態から祈りがあふれ出るのにまかせなさい。

わたしにずっとつながっていれば、わたしがあなたを**「患難に耐えられる」**ように助けるからだ。

●

「望みを抱いて喜び、患難に耐え、絶えず祈りに励みなさい」（ローマ人への手紙12章12節）

「というのは、すべての人を救う神の恵みが現れ……祝福された望み、すなわち、大いなる神であり私たちの救い主であるキリスト・イエスの栄光ある現れを待ち望むようにと教えさとしたからです」

（テトスへの手紙2章11、13節）

「わたしは彼らに永遠のいのちを与えます。彼らは決して滅びることがなく、また、だれもわたしの手から彼らを奪い去るようなことはありません」

（ヨハネの福音書10章28節）

「肉の思いは死であり、御霊による〔治められている〕思いは、いのちと平安です」

（ローマ人への手紙8章6節）

■

「希望とは、絶望的になるのがわかっている情況で、明るくいられる力である」

——G・K・チェスタトン

「イスラエルよ。主を待て。
主には恵みがあり、
豊かな贖いがある」

（詩篇130篇7節）

■

◆ 55

わたしはあなたに、「**あらゆる境遇に満足する秘訣を心得て**」ほしい。

充足訓練の過程はなかなか手強《てごわ》い。それはさまざまな困難を耐え抜くことで習得するものだから——。

この訓練にかなり熟達してきたと思ったとたんに、人生の情況が厳しさを増す。

苦難にうまく対処できる日もあれば、別の日には「もうやめたい！」と思う。

その別の日にあなたを助けるために、わたしはここにいるのだよ。

まず今、自分がどれほど挫折感を抱き、動揺しているかを認めるところから始めよう。**「あなたの心をわたしの前に注ぎ出しなさい！」**

あなたの鬱憤《うっぷん》をただ吐き出すだけでも大きな効果がある。

そのうえに、わたしに聞いてもらい、わかってもらえると知って、さらにあなたは勇気づけられる。

あなたに寄り添っているわたしの存在にもっと気づくように願いなさい。

心の底からわたしの答えを求めて、わたしに話しかけ、耳を傾けつづけること。

あなたの助けになる聖句をあふれるほど心に浴びて、決して離さないようにしなさい。最後に**「わたしにほめ歌を歌って」**……。

こうすることであなたの魂は、類を見ないほど引き上げられるだろう。

「わたしの名にほめ歌を歌うことは、良いことだ。朝に、わたしの恵みを、夜ごとに、わたしの真実を言い表すことは」

「私は、貧しさの中にいる道も知っており、豊かさの中にいる道も知っています。また、飽くことにも飢えることにも、富むことにも乏しいことにも、あらゆる境遇に対処する〔満足する〕秘訣を心得ています」

（ピリピ人への手紙4章12節）

「民よ。どんなときにも、神に信頼せよ。／あなたがたの心を神の御前に注ぎ出せ。／神は、われらの避け所である」

（詩篇62篇8節）

「**主**に感謝するのは、良いことです。／いと高き方よ。あなたの御名にほめ歌を歌うことは。／朝に、あなたの恵みを、／夜ごとに、あなたの真実を言い表すことは」

（詩篇92篇1～2節）

◆56

わたしはあなたに、忍耐力を養う訓練を行っている。

あなたの旅は長い上り道で、時々、果てしないように思えることがある。

後ろをふりかえると、しばしのあいだ、ほっと息をついて生き返った気分になる。

ところが前を見ると、目に入るのはどこまでも続く上り坂ばかり……。

あなたが登っている山の頂上はどこにも見えない。

あなたにとって、毎日毎日上りつづけていくことがどれほど大変か、わたしにはわかっている。

だからわたしはあなたに言う。「あなたの**心が元気を失い、疲れ果ててしまわないように**」と……。

あなたは、娯楽と快楽追求主義の文化の中で生きている。そうした風潮の中では、苦闘の人生はひどく異質に感じられる。

気をつけないと、あなたは自己憐憫という罪の罠に陥ってしまう。

この罠にはまらないようにするには、わたしが万物を治める至高の存在であり、愛をもってあなたとともにいることを心に刻みつけることだ。

あなたの苦労が続くのは、何かの間違いでもないし、罰でもない。

それよりも、絶好の機会を与えられたと思うようにしてみなさい。上り坂の旅では、自分の窮乏を常に意識させられるので、助けを求めてわたしに目を向けるからだ。

人生の苦難は、あなたの天の家を、あなたにとってさらにかけがえのない現実のものとしてくれる。

今でも、あなたが信頼してわたしの名をささやけば、わたしはあなたを「永遠の愛をもって」抱きしめよう。

●

「あなたがたは、罪人たちのこのような反抗を忍ばれた方のことを考えなさい。それは、あなたがたの心が元気を失い、疲れ果ててしまわないためです」

（ヘブル人への手紙12章3節）

「神である主の霊が、わたしの上にある。／主はわたしに油をそそぎ、／貧しい者に良い知らせを伝え、／心の傷ついた者をいやすために、／わたしを遣わされた。／捕らわれ人には解放を、囚人には釈放を告げ……」

（イザヤ書61章1節）

「けれども、私たちの国籍は天にあります。そこから主イエス・キリストが救い主としておいでになるのを、私たちは待ち望んでいます。キリストは、万物をご自身に従わせることのできる御力によって、私たちの卑しいからだを、ご自身の栄光のからだと同じ姿に変えてくださるのです」

（ピリピ人への手紙3章20～21節）

「主は遠くから、私に現れた。／『永遠の愛をもって、／わたしはあなたを愛した。／それゆえ、わたしはあなたに、／誠実を尽くし続けた』」

（エレミヤ書31章3節）

◆57

「落ち着いて、信頼すれば、あなたは力を得る」

困難な情況に置かれると、あなたの心は高速回転に陥りがちだ。

あなたは心の中で、可能性のある解決法をものすごい速度で試してみる。

あなたの脳はあわただしく活動しはじめる。そして自分自身と、助けを求められそうな人々との能力を詳細に調べる。

自分の問題の解決策がすぐにみつからないと、あなたは不安になってくる。

そうなったら、わたしのもとに「立ち返って、静かに」休むこと。

明確な方向も定まらないまま、闇雲に突進するのではなく、時間を取って、わたしの顔とわたしの意図とを尋ね求めなさい。

わたしがあなたに望んでいるのは、わたしとわたしのやり方に信頼を置くこと。たとえ前方の道が見えないときでも、しんぼう強く、わたしを信じて頼ることだ。

不安にかられてがむしゃらに頑張っても、エネルギーを涸《か》らすだけだが、静かな信頼はあなたに力を与える。

あなたが困っているときに、わたしが「**あなたを見捨てない**」ことを、あなたは確信していい。自分の情況を常にわたしに伝えるように——。すぐに解決が与えられように迫るのではなく、心から待つようにしなさい。「**主を待ち望む者は新しく力を得る**」からだ。

●

「神である主、イスラエルの聖なる方は、／こう仰せられる。／『立ち返って静かにすれば、／あなたがたは救われ、／落ち着いて、信頼すれば、／あなたがたは力を得る』」

（イザヤ書30章15節）

「強くあれ。雄々しくあれ。彼らを恐れてはならない。おののいてはならない。あなたの神、主ご自身が、あなたとともに進まれるからだ。主はあなたを見放さず、あなたを見捨てない」

（申命記31章6節）

「しかし、主を待ち望む者は新しく力を得、／鷲のように翼をかって上ることができる。／走ってもたゆまず、歩いても疲れない」

（イザヤ書40章31節）

●●●

◆58

「わたしの変わらぬ愛にあなたの望みを託しなさい」

あなたの住んでいる世界は、失敗であふれている。政府、企業、教会、友人、家族、そしてあなたの失敗で――。

瞬《またた》くまに情報が世界中に伝わることで、その失敗は白日のもとにさらされ、さらに心痛を大きくする。

だから「**変わらぬ愛**」という考え方は、実に革新的なものだ。この世界には、それにぴったりのお手本になるものなどないからだ。

明らかに、そうした愛は、このわたしにだけ――わたしが主なる神であるという核心的な真理の中にしか、見いだせない。

どんなに献身的な親や友人、恋人でさえ、時にはあなたを傷つけることがある。

けれどもわたしは、決してあなたを裏切ることはない。永遠にあなたを愛する。

このことが可能なのは、わたしが無限の完全な神だからだ。

それなのに、わたしは人間になった。人の心を理解し、共感する人間に……。実に「**わたしのあわれみは尽きることがない**」。

だからわたしと、わたしを信じる人々のために用意された驚くべき恵み――「**決してくじけることのない救いと義**」とに、希望を見いだしなさい。

この希望はあなたを強め、わたしを喜ばせる――「**わたしは、わたしの変わらぬ愛に望みを託**

す者を好む」からだ。

●

「主を恐れる者と／御恵みを待ち望む〔変わらぬ愛に望みを託す〕者とを主は好まれる」（詩篇147篇11節）

「私たちが滅びうせなかったのは、主の恵みによる。／主のあわれみは尽きないからだ」（哀歌3章22節）

「私たちは、私たちに対する神の愛を知り、また信じています。神は愛です。愛のうちにいる者は神のうちにおり、神もその人のうちにおられます」（ヨハネの手紙第一4章16節）

「目を天に上げよ。また下の地を見よ。／天は煙のように散りうせ、／地も衣のように古びて、／その上に住む者は、ぶよのように死ぬ。／しかし、わたしの救いはとこしえに続き、／わたしの義はくじけないからだ」（イザヤ書51章6節）

●●●

◆
59

わたしは「神である主、万物の支配者」であり、「聖なる、聖なる、聖なる」者である。

こうして「聖なる」と三度も繰り返されているのは、わたしが罪から完全に離れていることを強調するためだ。

わたしはあなたに、わたしが常に愛をもってあなたのそばにいることに驚きと喜びを感じてほしいと思っている。といっても、わたしの聖さを見失うようなことがあってはならない。

わたしが聖なる神であると意識することで、あなたは恵みを与えられ、守られる。

ここで強調されるのは、救い主であり友としてのわたしを知ることがあなたにとってどれほどの特権であるか、ということだ。

またわたしに対して無遠慮だったり、軽率に接することからも守ってくれる。

わたしとのかかわり方が不適切なときがあっても、わたしの聖さを思い出すことですぐに悔い改めることができる。


ダビデ王はいくつかひどい罪を犯したとはいえ、**「わたしの心にかなった者」**であり、素直に教えに従った。

預言者ナタンが、姦淫と殺人の罪を犯したことでダビデを叱責すると、ダビデは即座に悔い改めて、言った。**「私は主に対して罪を犯した」**と――。

だからあなたも、自分が罪を犯したことに気づいても絶望しなくていい。

それよりもすぐに、そのつまずきの道に背を向けて、わたしのもとに戻りなさい。

わたしはあなたを温かく迎え入れる。**「決して罪に定めることなしに」**……。


「この四つの生き物には、それぞれ六つの翼があり、その回りも内側も目で満ちていた。彼らは、昼も夜も絶え間なく叫び続けた。『聖なるかな、聖なるかな、聖なるかな。神であられる主、万物の支配者、昔いまし、今いまし、後に来られる方』」

（ヨハネの黙示録4章8節）

「それから、〔神は〕彼を退けて、ダビデを立てて王とされましたが、このダビデについてあかしして、こう言われました。『わたしはエッサイの子ダビデを見いだした。彼はわたしの心にかなった者で、わたしのこころを余すところなく実行する』」

（使徒の働き13章22節）

「ダビデはナタンに言った。『私は主に対して罪を犯した。』ナタンはダビデに言った。『主もまた、あなたの罪を見過ごしてくださった。あなたは死なない』」

（サムエル記第二12章13節）

「こういうわけで、今は、キリスト・イエスにある者が罪に定められることは決してありません」

（ローマ人への手紙8章1節）

●●●

◆60

わたしをあなたの、心の定点としなさい。心が穏やかなときにあなたが何を思うかを、意識するようにしてみなさい。

多くの人が、心配ごとや仕事、さまざまな計画、食べ物、快楽の追求に心を引かれている。そうした考えの中には役立つものもあるが、そうではないものもある。

〝休憩時間〟のあいだの自分の思いについてはあまり意識していない人がほとんどだが、わたしはしっかり気づいている。

あなたの心を、もっともっとわたしに向かうように訓練すること。

わたしが造り主であり、救い主であり、王の王である、ということを考えなさい。そしてあなたに対するわたしの驚くべき、終わりのない愛について想いをめぐらしなさい。

わたしを定点とするようにあなたの心を訓練するのは、たやすいことではない。この手強《てごわ》い努力目標に挑戦するのを助けてくださいと聖霊に願いなさい。

聖霊は手を貸してくださるが、あなたも聖霊に協力する備えをしなければならない。テレビやラジオをはじめ、気を散らしそうな雑音から離れて、しばし静かな時を過ごす必要がある。

そして一日のうち、たびたびわたしとふれあう時間を設《もう》けること。

「イエスさま、わたしをあなたのおそばに引き寄せてください」といった短い祈りを用いることは、あなたの心の焦点を何度もわたしに引き戻すのに役立つ。

また、わたしがすべてである聖書のみことばを心にたっぷり染みこませることも欠かせない。

これらのことを実践していくにつれて、あなたはしだいに「**心の一新によって自分が変わっていく**」。

「あなたの指のわざである天を見、／あなたが整えられた月や星を見ますのに、／人とは、何者なのでしょう。／あなたがこれを心に留められるとは。／人の子とは、何者なのでしょう。／あなたがこれを顧みられるとは」

（詩篇8篇3〜4節）

「あなたに罪を犯さないため、／私は、あなたのことばを心にたくわえました」（詩篇119篇11節）

「この世と調子を合わせてはいけません。いや、むしろ、神のみこころは何か、すなわち、何が良いことで、神に受け入れられ、完全であるのかをわきまえ知るために、心の一新によって自分を変えなさい」

（ローマ人への手紙12章2節）

■

「われわれクリスチャンの希望は、新しい地でキリストとともに生きるようになることだ。そこには、もはや死はない。そればかりか、新しい地におけるいのちは、ずっとそう定められていたとおりのものとなるのである」

――ティモシー・ケラー

■

「聞きなさい。私はあなたがたに奥義を告げましょう。私たちはみな、眠ることになるのではなく変えられるのです。終わりのラッパとともに、たちまち、一瞬のうちにです。ラッパが鳴ると、死者は朽ちないものによみがえり、私たちは変えられるのです」

（コリント人への手紙第一15章51～52節）

◆61

わたしは「**愛と平和の神**」である。

この輝かしい真理の光を、あなたの心と思いと魂の奥深くまで注ぎこみなさい。

常に「**あなたとともにいる**」のは「**愛と平和の神**」なのだ！

もっと愛が必要だと思ったらわたしのところに来て、ふんだんにわたしの愛を浴びなさい。

不安や恐れを感じるときはいつでも、平和の神のわたしのもとに来ればいい。あなたを待っている「**永遠の腕**」に抱かれて心を休めなさい。


わたしは、あなたの性格がもっともっとわたしを映し出すものであることを望んでいる。

だから愛と平和の心で、ほかの人たちとの関係を築いていくように努めなさい。イライラさせられたり、腹立たしく感じる人がいたら、その人の中にわたしを見るように心がけて……。

わたしがすべての人間を「**わたしのかたちとして創造した**」ことを忘れてはならない。

人を愛するのにもっとも効果的な方法は、わたしの愛を、あなたを通して彼らの中に注ぎこむことだ。

あなたの内に住んでおられる聖霊に、あなたを通してほかの人たちを愛するように願うこともできる。

平和な生き方をするためには、すみやかに人を――あなた自身も含めて、赦す必要がある。

あらゆる努力をして、「**愛と平和の神**」であるわたしのそばで生きるために……。


「慰めを受けなさい。一つ心になりなさい。平和を保ちなさい。そうすれば、愛と平和の神はあなたがたとともにいてくださいます」

「昔よりの神は、住む家。／永遠の腕が下に。／あなたの前から敵を追い払い、／『根絶やしにせよ』と命じた」

（申命記33章27節）

「神は人をご自身のかたちとして創造された。神のかたちとして彼を創造し、男と女とに彼らを創造された」

（創世記1章27節）

◆ 62

「雄々しくありなさい。わたしがあなたの心を強くする」

わたしの子どもたちは、臆病ではなく勇敢であってほしい。

（コリント人への手紙第二13章11節）

実際に、聖書には次のような者たちが悲惨な結果を迎えるという警告が含まれている――「おくびょう者、不信仰の者、憎むべき者、人を殺す者」たちだ。

あなたがひどい苦境に陥って何の救いも見えないとき、たいていそこから逃れる道を探しはじめる。

こうした逃避願望は自己憐憫《れんびん》と、権利意識から生まれる。自分には今よりもっと良い境遇がふさわしい、その権利がある、というものだ。

ところがあなたのそんな考え方は、あなたの人生に及ぶわたしの至高の力を無視している。

あなたの現在の情況は確かにつらく困難なものかもしれないが、無益なわけではない。

だから勇気を奮い起こして、あなたの人生に

〝はい〟と頷《うなず》こう。あなたの人生を治めているのはわたしであり、わたしもあなたとともに闘っていることを信じて……。

勇敢な心で、わたしに希望を託して、わたしのもとに来なさい。そうすれば、さまざまな形でたくさんの恵みを与えよう。
さらには、あなたの小さな勇敢な行為を何倍にも強めよう――**「わたしはあなたの心を強くする」**

●

「雄々しくあれ。心を強くせよ〔主があなたの心を強くしてくださる〕。／すべて主を待ち望む者よ」（詩篇31篇24節）
「しかし、おくびょう者、不信仰の者、憎むべき者、人を殺す者、不品行の者、魔術を行う者、偶像を拝む者、すべて偽りを言う者どもの受ける分は、火と硫黄との燃える池の中にある。これが第二の死である」（ヨハネの黙示録21章8節）
「見よ。神である主は力をもって来られ、／その御腕で統べ治める。／見よ。その報いは主とともにあり、／その報酬は主の前にある。／主は羊飼いのように、その群れを飼い、／御腕に子羊を引き寄せ、ふところに抱き、／乳を飲ませる羊を優しく導く」（イザヤ書40章10〜11節）

●●●

◆
63

「まだ見ていないものを望み、忍耐をもって熱心

に待ちなさい」

人間の五感の中では、視覚がいちばん重要視されることが多い。

わたしはこの世界を輝くばかりに美しく創りあげた。だから、その美しさを目にするときは十分に鑑賞し、愛《め》でてほしい。

ところが、視覚よりもさらに有益なのは希望であり、それ自体が一種の視界なのだ。

希望はあなたに——心の目を通して——まだ来ていないものを見させてくれる。

そのもっとも感嘆すべき例は、天国の希望だ。あなたの究極の定めはわたしの栄光にあずかることだから！

これが、わたしが十字架上成し遂げた業と復活によって確実なものとしたあなたへの約束である。

この世と来世の両方の「**まだ見ていないものを望む**」ことを実践しなさい。

「イエスさまのみこころにかなった夢と希望に導いてください」、とわたしに願って……。

心の目でこれらの恵みが見えるように訓練しながら、わたしの意志だけが十分に行われるよう祈りなさい。

「**熱心に待てる**」ように自分自身を訓練すること。

わたしと、待ち望む結果とに思いを集中して……。

希望と期待を抱いて、「**忍耐をもって待ち**」つづけなさい。

●

「もしまだ見ていないものを望んでいるのなら、
私たちは、忍耐をもって熱心に待ちます」

（ローマ人への手紙8章25節）

「またわたしは、あなたがわたしに下さった栄光を、彼らに与えました。それは、わたしたちが一つであるように、彼らも一つであるためです」

（ヨハネの福音書17章22節）


「信仰は望んでいる事がらを保証し、目に見えないものを確信させるものです」

（ヘブル人への手紙11章1節）

◆64

幸せになることをためらってはいけない。

あなたはわたしのものだから、この壊れた世界においてすら、幸せを経験することを期待していい。

●●●

それでも時おり、あなたがくつろいでいるときに不安が侵入してくることがある。やるべきことがあるのではないか、計画しなければならないことがあるのではないか、と疑いはじめる。

その根底には、防御をゆるめて、その時をひたすら楽しむのは危険だ、という感情がひそんでいる。わが子よ、それは大きな間違いなのだ！

わたしはあなたに呼びかけてきた。必死に頑張るのを「やめて」、――それを手放し、心を休めて、「わたしこそ神であることを知りなさい」と……。

あなたは準備万端にしてからでなければ、わたしのもとでゆったりとくつろぐことはできないと思っているかもしれない。

それなら、この命令の全体的な情況を考えてご

／わたしは国々の間であがめられ、／地の上であがめられる」
（詩篇46篇10節）

「神はわれらの避け所、また力。／苦しむとき、そこにある助け。／それゆえ、われらは恐れない。／たとい、地は変わり山々が海のまなかに移ろうとも。／たとい、その水が立ち騒ぎ、あわだっても、／その水かさが増して山々が揺れ動いても」
（詩篇46篇1〜3節）

◆ 65

あなたは「日々新たにされて」いる。だから、昨日の失敗や失望に押しつぶされないようにしなさい。

らん──**「たとい、地は変わり山々が海のまなかに移ろうとも」**

これを書いた詩篇の記者が述べているのは、恐ろしい大災害だ。

だからあなたは、自分の人生におけるすべての問題を解決するまで待つ必要はない。この瞬間こそ、わたしを楽しむのに最適なときなのだから……。

大胆にわたしのもとに来て、こう言いなさい。「イエスさま、わたしはあなたを──今この場で、楽しむことに決めました」と……。

「幸いなことよ。主をおのれの神とするその民は」
（詩篇144篇15節）

「やめよ。／わたしこそ神であることを知れ。

今日の日を新しく始めよう。わたしを喜ばせ、わたしのやり方で歩むように努め、この日に集中して！

そうすれば、わたしはあなたを少しずつ変えていくことができる。

これは生涯にわたる道程――さまざまな問題と苦しみに満ちた旅だ。

また、喜びと平安にあふれた旅でもある。一歩一歩、わたしがともに歩んでいるからだ。

自分が日々新たにされつづけているのに気づくこと。これは、あなたの努力や意志の力だけでできることではない。

あなたが新たにされるのは聖霊の導きによるもので、聖霊はあなたの内で活き活きと働き、恵みによってあなたを成長させてくださる。

旅の途中で問題や苦しみにぶつかっても落胆することはない。それは新たにされる過程の不可欠な要素だから――。

苦難に遭遇しているときは、勇気を奮い起して、わたしに感謝しなさい。

このことを確信して希望を見いだしなさい――わたしがずっと「あなたの右の手をしっかりつかまえている」ことを。そして、あなたに栄光を受ける備えをさせていることを！

●

「ですから、私たちは勇気を失いません。たとい私たちの外なる人は衰えても、内なる人は日々新たにされています」

（コリント人への手紙第二4章16節）

「けれども、もし神の御霊があなたがたのうちに住んでおられるなら、あなたがたは肉の中にではなく、御霊の中にいるのです。キリストの御霊を持たない人は、キリストのものではありません」

（ローマ人への手紙8章9節）

「しかし私は絶えずあなたとともにいました。／あなたは私の右の手を／しっかりつかまえられました。／あなたは、私をさとして導き、／後には栄光のうちに受け入れてくださいましょう」

（詩篇73篇23〜24節）

●●●

◆66

あなたの前には道が開けている――ずっと天国まで続く道だ。

わたしはあなたの旅の道連れ……。あなたの道のどこが曲がりくねっているか、すべてわかっている。

あなたはどの方向に顔を向けても、自分の前進を阻む問題や制限が目に入ってくる。ところが、あなたの視野はひどく限られている。

わたしがあなたに求めるのは、次の小さな一歩を踏み出すことだけ。あきらめることを拒み、わたしに信頼しなくなることを拒んで――。

あなたの人生はまさに信仰の歩みで、わたしは誠実そのものだ！

あなたの理解が及ばないことはあっても、わたしに理解できないことは決してない。

あなたの前に置かれた努力目標は、自分の問題や限界ばかりに心を向けるのをやめること。そして前方の道がたとえどんなふうに見えても、本当は開けた道であることを信じることだ。

わたしは、天の父のみもとに至る「道である」。わたしがあなたのために「いのちの道」を開くのにどれほどの苦しみを受けなければならなかったか、を心に刻みなさい。

もう誰も、わたしが耐えぬいたことを耐えなくていい。

もがき苦しんでいるときは、ただ次の一歩を踏み出しなさい。わたしがあなたの前の道を——ずっと天国まで、切り開いていることを感謝しながら……。

「あなたがたの会った試練はみな人の知らないものではありません。神は真実な方ですから、あなたがたを、耐えられないほどの試練に会わせることはなさいません。むしろ、耐えられるように、試練とともに脱出の道も備えてくださいます」

（コリント人への手紙第一10章13節）

「確かに、私たちは見るところによってではなく、信仰によって歩んでいます」

（コリント人への手紙第二5章7節）

「イエスは彼［トマス］に言われた。『わたしが道であり、真理であり、いのちなのです。わたしを通してでなければ、だれひとり父のみもとに来ることはありません』」

（ヨハネの福音書14章6節）

「あなたは私に、いのちの道を／知らせてくださいます。／あなたの御前には喜びが満ち、／あなたの右には、楽しみがとこしえにあります」

（詩篇16篇11節）

■

「自分の助け主が全能の神であることを心に刻んでいる者にとって、絶望することなどありえない」

――ジェレミー・テーラー

■

「ああ、神、主よ。まことに、あなたは大きな力と、伸ばした御腕とをもって天と地を造られました。あなたには何一つできないことはありません」

（エレミヤ書32章17節）

◆
67

あなたは失意の只中にも喜びを見いだすことができる。

喜ぶのが難しいのは、さまざまな問題に対処しなければならないとき――解決策を探しているのにひとつも見つからず、さらにいくつかの新たな困難に見舞われたときだ。

解決策を見つけることばかりに集中すると、あなたは問題の重圧に耐えられなくなってしまう。だから逆境の中でいちばん大切なのは、あなたにはわたしがついていることを思い出すことだ。

わたしはあなたの現状の中で働いている。わたしの無類の「知恵」は、悪しきものの中から良きものを引き出し、最終的に悪を善によって打ち負かすことができる！

逆境の中で喜びを見いだす方法はわたしと出会うこと……。

あなたはこう祈ることができる――「イエスさま、どうか、こんなどうしようもない状態の中でもあなたを見いだせるように助けてください！」と……。

あなたが感情のプラグをすべての問題から抜き去り、わたしの存在というコンセントに差しこめば、良いことが次々に起こりはじめる。

あなたの暗い気分は着実に、明るく晴れ晴れしたものに変わっていく。

あなたが「わたしにとどまって」――わたしの存在にプラグを差しこんでいれば、わたしの視点から物事を見られるようになる。

ずっとわたしにつながっていることで、あなたは失意の最中《さなか》でも喜んでいられるのだ。

「私の兄弟たち。さまざまな試練に会うときは、それをこの上もない喜びと思いなさい。信仰がためされると忍耐が生じるということを、あなたがたは知っているからです」

（ヤコブの手紙1章2～3節）

「ああ、神の知恵と知識との富は、何と底知れず深いことでしょう。そのさばきは、何と知り尽くしがたく、その道は、何と測り知りがたいことでしょう」

（ローマ人への手紙11章33節）

「わたしにとどまりなさい。わたしも、あなたがたの中にとどまります。枝がぶどうの木についていなければ、枝だけでは実を結ぶことができません。同様にあなたがたも、わたしにとどまっていなければ、実を結ぶことはできません」

（ヨハネの福音書15章4節）

●●●

◆68

「わたしに喜ばれる」ように努めることは、喜びにあふれた生き方だ。

もちろん、「信仰がなくては、わたしに喜ばれることはできない」。

あなたは「わたしがいることと、わたしを求める者には報いることとを、心から信じなければならない」。


わたしを喜ばせる生き方は、賢明な投資だ。天国での報酬だけでなく、地上でも日々の楽しみを受け取れるからだ。

わたしはあなたの存在の中心となるよう定められている。あなたが軌道を描いて回る太陽だ。

あなたがわたしを楽しみ、わたしに仕え、わたしを喜ばせようと願って生きるなら、あなたは正しい軌道にとどまっていられる。

自分中心に生きれば、あなたは軌道をはずれてしまう。


難しいのは、あなたが何を考え、何を言い、何を行うにしても、その中心にわたしを置きつづけることだ。

この戦いはあなたの心の中で始まる。だから「すべての思いをとりこにしてわたしに服従させる」ように励みなさい。

どうすればわたしを喜ばせることができるかを知るために、わたしのことばを学び、わたしがどれほどあなたを愛しているかを心に刻むこと。わたしの驚くばかりの愛は、あなたが神の子を回る軌道にとどまりつづけるのを助ける。そして、わたしの輝くばかりの喜びを楽しむことも……。

●

「信仰がなくては、神に喜ばれることはできません。神に近づく者は、神がおられることと、神を求める者には報いてくださる方であることとを、信じなければならないのです」

（ヘブル人への手紙11章6節）

「私たちは、さまざまの思弁と、神の知識に逆らって立つあらゆる高ぶりを打ち砕き、すべてのはかりごと〔思い〕をとりこにしてキリストに服従させ……」（コリント人への手紙第二10章5節）

「こういうわけで、私たちは……絶えずあなたがたのために祈り求めています。どうか……主にかなった歩みをして、あらゆる点で主に喜ばれ、あらゆる善行のうちに実を結び、神を知る知識を増し加えられますように」

（コロサイ人への手紙1章9～10節）

●●●

◆

69

「わたし自身があなたの先に進む。わたしがあなたとともにいる。恐れてはならない。おののいてはならない」

あなたの愛情深い救い主であるわたしは、無限の神でもある！

わたしは遍在する神――同時にあらゆるところに存在する。

このおかげでわたしは、あなたのそばを一度も離れることなく、あなたに先立って――道を切り開きながら、進むことができる。

「わたしがともにいる」という約束はすべての時に及んでいる。

あなたがどこへ行こうとも、どんな事態に遭遇しようとも、「わたしはあなたとともにいる」。

これがあなたの勇気と確信の礎となる。

恐れと落胆は時としてあなたの心にこっそり忍びこむことがあるかもしれないが、あなたの心はそれらが住むべきところではない。

あなたの心はこのわたしが「住まう場所」なのだから……。そうした有害な感情は、わたしから出たものではない。

それどころか、「わたしの全き愛は恐れを締め出す」。

だから時々、あなたの心を調べて、恐れや落胆がうろついていないか見てみなさい。

もしもこれらの歓迎されない侵入者を発見したら、聖霊に用心棒役をお願いして、叩きだしてもらうこと！

そしてわたしの、「あなたの先に進み、あなたとともにいる」という約束で自分を励ましなさい。

わたしの「全き愛」に希望を新たにして……。

「主ご自身があなたの先に進まれる。主があなたとともにおられる。主はあなたを見放さず、あなたを見捨てない。恐れてはならない。おののいてはならない」
（申命記31章8節）

「私はひざをかがめて〔父の前に祈ります。〕……キリストが、あなたがたの信仰によって、あなたがたの心のうちに住んでいてくださいますように」
（エペソ人への手紙3章14、17節）

「愛には恐れがありません。全き愛は恐れを締め出します。なぜなら恐れには刑罰が伴っているからです。恐れる者の愛は、全きものとなっていないのです」
（ヨハネの手紙第一4章18節）

●●●

◆

70

賛美によってあなたは、今日の日を満ち足りて過ごすことができる。

わたしをあがめることで、あなたは時も場合も超越して、力強くわたしとふれあう。

「わたしはあなたの賛美を住まいとし」、「あなたはわたしの中に生き、動き、存在している」

わたしを賛美することであなたはわたしに深く引き寄せられ、そこでわたしの力と栄光をかいま見ることができる。

心からの賛美をささげるとき、落胆と恐れ、自己憐憫は消滅する。

サタンとその手下たちは、こうした輝かしい音楽から逃げ出していく。

けれども、賛美をするもっとも重要な理由は、わたしが「誉れと、栄光と、賛美を受けるにふさわしい」からだ！

聖書は、わたしを賛美せよという命令に満ちている。

あなたの一日がどれほど暗く困難に見えても、わたしをあがめることでわたしの光が闇を貫いて輝く。

それによってわたしの栄光が現され、あなたは情況に左右されない生き方を勝ち取ることができる！

●

「けれども、あなたは聖であられ、／イスラエルの賛美を住まいとしておられます」

（詩篇22篇3節）

「私たちは、神の中に生き、動き、また存在しているのです。あなたがたのある詩人たちも『私たちもまたその子孫である』と言ったとおりです」

（使徒の働き17章28節）

「また私は見た。私は、御座と生き物と長老たちとの回りに、多くの御使いたちの声を聞いた。その数は万の幾万倍、千の幾千倍であった。彼らは大声で言った。『ほふられた小羊は、力と、富と、知恵と、勢いと、誉れと、栄光と、賛美を受けるにふさわしい方です』」

（ヨハネの黙示録5章11～12節）

●●●

◆ 71

「今わたしが行っていることに、ありったけの注意を払いなさい。明日起こるか起こらないかわからないようなことに心を煩わされないようにしなさい」

　これは実に簡単そうに聞こえるかもしれないが、人間本来の性質――自分の思うとおりにやっていきたいという強い願いに、反するものだ。

　人間には未来を予測したいという願望があり、この分野の専門技術を売って金儲けをしている人たちもいる。

　けれど未来とは、わたしに属するもの……。だからあなたが心配する必要はない。

何かを考えないようにしようと思っても、たいていはうまくいかないし、逆効果になる。

　その事柄を考えるのはやめようと努力することで、かえってそうした思いに縛られつづけてしまう。

　ところが、このわたしに、そしてあなたの人生にわたしが行っていることに、注意を集中すればあなたは自由になれる。

　わたしはあなたの生ける救い主であり、常に「新しい事」を行っている。

　大部分の人を未来への思いに縛りつけているのは、明日はいったい何があるのだろうという不安――自分はうまく対処できるだろうか、という気持ちなのだ。

　それでも、このことを心に留めなさい。どれほど大変なことが起こってもあなたが対処できるように、そのときにはわたしがあなたを助けよう。

●

「だから、あすのための心配は無用です。あすのことはあすが心配します。労苦はその日その日に、十分あります「今、神が行っておられることに、ありったけの注意を払いなさい。明日起こるか起こらないかわからないようなことに、心を煩わされないようにしなさい。どれほど大変なことが起こってもあなたが対処できるように、そのときには神があなたを助けてくださいます」」（マタイの福音書6章34節）

「わたしの上に主の御霊がおられる。主が、貧しい人々に福音を伝えるようにと、わたしに油をそそがれたのだから。主はわたしを遣わされた。捕らわれ人には赦免を、盲人には目の開かれることを告げるために。しいたげられている人々を自由にし……」（ルカの福音書4章18節）

「先の事は、見よ、すでに起こった。／新しい事を、わたしは告げよう。／それが起こる前に、あなたがたに聞かせよう」（イザヤ書42章9節）

●●●

◆ 72

今日の出来事に向き合うときにはわたしを頼りなさい。

人はすべて、気づいているかいないかにかかわらず、何か――体力や知力や美しさ、富や業績、家族や友達などといったものに頼っている。

これらはすべてわたしからの贈り物、感謝して享受すべきものだ。

ところがこれらのどれも、依存するのは危険である。どれもあなたをくじけさせる可能性があるからだ。


難しい情況に置かれているときのあなたは気弱になって、どうやって今日一日を切り抜けたらいいかということばかり、くよくよ考えがちだ。

これは多くの時間とエネルギーを浪費するだけでなく、わたしからあなたを引き離すことにもなる。

そんなことになるたびに、あなたの目を開いて、その中にわたしを見いだすことができるように願いなさい。

わたしがすぐそばに立って、力強い腕をあなたに向かって差し伸べ、あなたを助けようとしているのが見えるはずだ。

うまくやっているふりをしたり、実際よりも強くみせようとするのはやめなさい。

それよりもわたしに頼ること。わたしがあなたの重荷の大半を担い、あなたの問題を解決するのを助けよう。

わたしに「**寄りかかって**」、「**あなたの力**」であるわたしを喜び、賛美しなさい。

「滅びに至らせる友人たちもあれば、／兄弟よりも親密な者もいる」（箴言18章24節）
「しかし、この私は、あなたの力を歌います。／まことに、朝明けには、あなたの恵みを／喜び歌います。／それは、私の苦しみの日に、あなたは私のとりで、／また、私の逃げ場であられたからです。／私の力、あなたに、私はほめ歌を歌います。／神は私のとりで、私の恵みの神であられます」

（詩篇59篇16〜17節）

「信仰によって、ヤコブは死ぬとき、ヨセフの子どもたちをひとりひとり祝福し、また自分の杖のかしらに寄りかかって礼拝しました」

（ヘブル人への手紙11章21節）

■

「神のみことばは、希望のない境遇や病気、結婚は皆無である、と告げている。…略…私たちの希望は、魂の錨…略…イエス・キリストの再臨の確固たる希望！」

——ドナルド・ベイカー、エメリー・ネスター

◆

73

「すべてわたしを愛する者はわたしが守る」

「私たちのたましいは主を待ち望む。主は、われらの助け、われらの盾。まことに私たちの心は主を喜ぶ。私たちは、聖なる御名に信頼している。主よ。あなたの恵みが私たちの上にありますように。私たちがあなたを待ち望んだときに」

（詩篇33篇20〜22節）

■

わたしの、この見守りの約束で心を慰めなさい。つらい日々が続いているときはとくに——。

この約束はあなたのためのもの……。あなたがわたしを愛しているからだ。

もちろん、わたしを愛することでわたしの守りを獲得できるわけではない。

それでもわたしに属し、わたしの見守りの下《もと》にいる人はわたしを愛する人だ。

これはわたしがしてきたことに応えたもの——

「あなたはわたしを愛している。わたしがまずあなたを愛したからだ」

危険と破滅のおそれがきわめて大きい場合は、勇敢な大人でも親の助けを求めて叫ぶことがある。これは、子どもの頃の記憶からあふれでた本能的な反応だ。

人は不安なとき、自分よりも大きくて強い誰かに守られていると感じたくなるからだ。

わたしがいつもあなたを、**「牧者が群れを飼うように」**守っていることを信じて安心しなさい。

時には自分がひとりぼっちで、誰も守ってくれる人がいない気がすることがあるかもしれない。

その特効薬は、わたしがついていることを確信して、わたしと心を通い合わせることだ。心の中にあるものをすべて吐き出して……。

自分の気持ちを自由に言い表すことで、わたしが愛をこめてあなたを見守っていることに気づくだろう。

●

「すべて主を愛する者は主が守られる。／しかし、悪者はすべて滅ぼされる」（詩篇145篇20節）

「私たちは愛しています。神がまず私たちを愛してくださったからです」
（ヨハネの手紙第一4章19節）

「諸国の民よ。主のことばを聞け。／遠くの島々に告げ知らせて言え。／『イスラエルを散らした者がこれを集め、／牧者が群れを飼うように、これを守る』と」
（エレミヤ書31章10節）

「民よ。どんなときにも、神に信頼せよ。／あなたがたの心を神の御前に注ぎ出せ。／神は、われらの避け所である」
（詩篇62篇8節）

●●●

◆74

わたしはあなたを安全に守りつづける主なる神である。

あなたは自分の考えや計画に頼りすぎる傾向がある。まるでそこにこそ、安全が確保できるのだと言わんばかりに――。

何かで不安を感じ始めると、あなたの心は、解決策を探し、安全を求めて、過熱状態になる。

そのあいだもわたしは、ずっとあなたのそばにいて「あなたの右の手をしっかりつかまえている」のに……。

「自分の心にたよらない」ように気をつけなさい。それは「愚かな」ことだから――。

それよりも「知恵をもって歩みなさい」。そうすればあなたは「救われる」。

この知恵の核心は、自分自身や他人よりもわたしに信頼することだ。

わたしはいつでも「**あなたをさとして導く**」用意ができている。だから、気にかかっていることをすべてわたしのところに持ってきなさい。

気持ちが混乱してきたら、祈ることを書き出して、進むべき道を示してください、とわたしに願うのも助けになるだろう。

そしてわたしのもとで待ち、わたしがあなたの心を導く時間を取りなさい。そのあいだずっとわたしと、わたしのことばに集中していること。

〝イエスさま〟とささやくのも、気持ちを集中しつづけるのに役立つ。

わたしの名は、わたしが誰であるかを十全に表している。それは「**堅固なやぐら**」――「**その中に走って**」いく者は「**安全である**」からだ。

「しかし私は絶えずあなたとともにいました。／あなたは私の右の手を／しっかりつかまえられました。／あなたは、私をさとして導き、／後には栄光のうちに受け入れてくださいましょう。／天では、あなたのほかに、／だれを持つことができましょう。／地上では、あなたのほかに私はだれをも望みません。／この身とこの心とは尽き果てましょう。／しかし神はとこしえに私の心の岩、／私の分の土地です」
（詩篇73篇23～26節）

「自分の心にたよる者は愚かな者、／知恵をもって歩む者は救われる」（箴言28章26節）

「主の名は堅固なやぐら。／正しい者はその中に走って行って安全である」（箴言18章10節）

◆75

「わたしのゆるぎない愛は決して絶えることはなく、わたしのあわれみは尽きない。それは朝ごとに新しい」

あなたがどれほど切実にこのことを信じたいと思っているか、わたしは知っている。そして信じるために、どれほど悪戦苦闘しているかも……。

今日、「尽きることがない」ように見えるのはあなたの問題と苦しみだけだ。

けれどわたしがここにいる。静かにここにいて、あなたがこの日を無事に切り抜けられるようにいつでも力を貸そうとしている。

この事実を信じるかどうかで、うまく対処できるか、絶望してあきらめるかの違いが生じる。

物事がわりと順調にいっている日は、わたしのゆるぎない愛を信じるのはたやすい。

ところが新たに予期せぬ問題が生じると、わたしを信頼するのにもっと大きな努力が必要となる。

そうしたときには、「朝ごとに新しいあわれみ」を受け取ることを思い出せばいい。

服を着替えるときに、わたしがあなたに「救いの衣を着せ」たことを思い起こしなさい。

あなたはわたしの「正義の外套」をまとっているのだから、すでに天国に続く道に踏み出している！

これは途方もない「あわれみ」の行為……。あなたを地獄の顎《あご》から引きずり出し、栄光への道に置いたのだ。

今日あなたが直面することで、「永遠のいのち」というこのあわれみの贈り物に比べられるものなど、何ひとつないのだから！

●

「私たちが滅びうせなかったのは、主の恵みによる。／主のあわれみは尽きないからだ〔主のゆるぎない愛は決して絶えることはなく、主のあわれみは尽きない〕。／それは朝ごとに新しい。／『あなたの真実は力強い』」

（哀歌3章22～23節）

「わたしは主によって大いに楽しみ、／わたしのたましいも、わたしの神によって喜ぶ。／主がわたしに、救いの衣を着せ、／正義の外套をまとわせ、／花婿のように栄冠をかぶらせ、／花嫁のように宝玉で飾ってくださるからだ」

（イザヤ書61章10節）

「神は、実に、そのひとり子をお与えになったほどに、世を愛された。それは御子を信じる者が、ひとりとして滅びることなく、永遠のいのちを持つためである」

（ヨハネの福音書3章16節）

●●●

◆

76

心配の原因はほとんどの場合、不適切なときに物事を考えることだ。

わたしはあなたの脳に、自分の考えを観察する驚くべき能力を組みこんだ。

したがってあなたの思いを監視し、選択することは可能なのだ。

精神面、感情面のエネルギーを浪費するのを避けるには、タイミングがきわめて重要となる。

もしも不適切なときに――たとえば、ベッドに寝ているときに、ある事柄について考えると、いともたやすくそのことで悩みはじめるようになる。だからこそ、あなたの考えることを監視することが非常に役に立つ。

深く悩みこんでしまうまで放っておかずに、不安な思いを中断し、別のことを考えるようにできるからだ。


わたしがあなたに望むのは、最小限に心配ごとを抑え、最大限に賛美をするように心を訓練することだ。

このためにはかなりの努力を続けることが求められるが、あなたはそれが自由への道であることに気づくだろう。

不適切なときに何かを――自分には何もできないときに、心配事を考えていることに気づいたら、すぐに行動を起こしなさい。

自分自身に「今はダメ！」と言って、心をどこかほかに向ける。いちばんいいのは、あなたの思いをわたしに向けることだ。

わたしへの信頼と愛とを表すことでわたしに近づきなさい。それがわたしを「あがめる」ことなのだから……。


「それから弟子たちに言われた。『だから、わたしはあなたがたに言います。いのちのことで何を食べようかと心配したり、からだのことで何を着ようかと心配したりするのはやめなさい。

いのちは食べ物よりたいせつであり、からだは着物よりたいせつだからです。鳥のことを考えてみなさい。蒔きもせず、刈り入れもせず、納屋も倉もありません。けれども、神が彼らを養っていてくださいます。あなたがたは、鳥よりも、はるかにすぐれたものです。あなたがたのうちのだれが、心配したからといって、自分のいのちを少しでも延ばすことができますか。こんな小さなことさえできないで、なぜほかのことまで心配するのですか」

（ルカの福音書12章22～26節）

「天と地と海と水の源を創造した方を拝め［あがめよ］」

（ヨハネの黙示録14章7節）

●●●

◆
77

あなたがわたしのもとで待つなら、わたしは「**あなたを喜びと平和をもって満たそう**」。

わたしと時を過ごすことは、あなたが心からわたしを信頼していることを示している。

もっぱら自分自身と自分の能力とに頼っている人は、わたしを人生から締め出していることが多い。

あなたは、もっとわたしに信頼することを学ぶにつれて、わたしと時を過ごすことにますます喜びを見いだすようになる。

そしてわたしのもとで待てば待つほど、あなたの信仰は深くなり、あなたの喜びと平安は増していく。

あなたは**「わたしのもの」**だから、**「聖霊があなたのうちに住んでおられる」**。

あなたは聖霊の存在に気づかないときがあるかもしれないが、聖霊は常にあなたのことを心にかけている。

それだけでなく、ずっとあなたのうちで働いて、あなたを**「栄光から栄光へと、わたしと同じかたちに姿を変えている」**。

あなたはわたしに思いを集中することで、この過程に協力できる。

あなたがもっともっと**「わたしと同じかたちに変えられて」**いけばいくほど、あなたの中で希望が大きくなっていく。

聖霊に助けられて、この希望はあなたの内に豊かに湧き出す。ついにはあふれ出て、ほかの人々の人生へと流れこむほどに！

「どうか、望みの神が、あなたがたを信仰によるすべての喜びと平和をもって満たし、聖霊の力によって望みにあふれさせてくださいますように」

（ローマ人への手紙15章13節）

「志の堅固な者を、／あなたは全き平安のうちに守られます。／その人があなたに信頼しているからです」

（イザヤ書26章3節）

「けれども、もし神の御霊があなたがたのうちに住んでおられるなら、あなたがたは肉の中にではなく、御霊の中にいるのです。キリストの御霊を持たない人は、キリストのものではありません」

（ローマ人への手紙8章9節）

「私たちはみな、顔のおおいを取りのけられて、鏡のように主の栄光を反映させながら、栄光から栄光へと、主と同じかたちに姿を変えられて行きます。これはまさに、御霊なる主の働きによるのです」

（コリント人への手紙第二3章18節）

◆78

「わたしに歌を歌いなさい。わたしがあなたを豊かにあしらったからだ」

とうてい賛美の歌を歌う気分になれないときこそ、おそらくそれがもっともあなたに必要なことなのだ。

わたしはこれまであなたを実に優しく扱ってきた。そういうふうに見えるかどうかにかかわらず……。

あなたはずっと上《のぼ》り道の旅をしてきたので、疲れはじめている。

楽な日々を、それほど急ではない道をしきりに願っている。

ところが、そうやって懸命に上《のぼ》っていくことこそが、あなたをさらに上昇させつづける——頂上にますます近づかせてくれるのだよ。

あなたが人生の場面場面で困難に遭遇するのは、手違いなどではない！

これは万物を治めるわたしの意志であり、またある程度はあなた自身の目標でもある。

あなたはわたしの近くで生き、わたしが創造したとおりの自分になれるように望んでいるからだ。

これらの目標を追求することで、あなたは困難と危険がいっぱいの冒険の旅路をたどることになった。

時々あなたは自分の旅を、もっと楽そうに見える道を行く友人たちの旅と比べることがある。

ところがあなたは、彼らが直面している問題を完全にわかっているわけではない。しかも、未来に何が彼らを待ち受けているかも知らないのだ。

シモン・ペテロが、わたしのヨハネへの接し方について訊ねたとき、わたしがなんと答えたかを思い出しなさい――「それがあなたに何のかかわりがありますか。あなたは、わたしに従いなさい」

●

「私は主に歌を歌います。／主が私を豊かにあしらわれたゆえ」

（詩篇13篇6節）

「この神こそ、私の力強いとりで。／私の道を完全に探り出される。／彼は私の足を雌鹿のようにし、／私を高い所に立たせてくださる」

（サムエル記第二22章33～34節）

「イエスはペテロに言われた。『わたしの来るまで彼が生きながらえるのをわたしが望むとしても、それがあなたに何のかかわりがありますか。あなたは、わたしに従いなさい』」

（ヨハネの福音書21章22節）

■

「私は希望という言葉を信仰だと解釈している。まさしく希望は、不変の信仰にほかならないからだ」

――ジャン・カルヴァン

「私はいつも、私の前に主を置いた。
主が私の右におられるので、
私はゆるぐことがない」
（詩篇16篇8節）

■

◆79

「いつもわたしを喜びなさい。あなたの寛容な心を、すべての人に知らせなさい。わたしはあなたのそばにいる」

「わたしを喜ぶ」ことで、あなたは不平を言いたくなる誘惑から逃れることができる。

ストレスの多い環境に置かれると、あなたは苛《いら》立《だ》ちやすくなる。

それでもわたしはあなたが、怒りっぽさではなく、「寛容な心」を表すことを望んでいる。これは、あなたがわたしに喜びを見いだすならば可能なことだ。

「わたしは、きのうもきょうも、いつまでも、同じ」だから、あなたが喜ぶことは常にたくさんある。

あなたは「わたしがそばにいる」ことを知って喜ぶことができる。

深い愛で結ばれている男女は、多くの場合、お互いのいちばん良いところを引き出す。愛する人のそばにいるだけで、苛立ちはおさまり、幸福感は増す。

わたしはいつもすぐそばにいる。目には見えないけれど、優しくそこにいてあなたを愛している。

わたしの愛に波長を合わせれば、あなたの不満はなだめられ、喜びに満たされる。

このためのひとつの方法は、わたしがいつもそばにいてあなたを愛しつづけているのを感謝すること。

落ちこむような情況に置かれたら、注意をわたしに向けて、あなたに対するわたしの「大いなる愛に思いを馳せて」、「喜びなさい！」

●

「いつも主にあって〔主を〕喜びなさい。もう一度言います。喜びなさい。あなたがたの寛容な心を、すべての人に知らせなさい。主は近いのです〔あなたがたのそばにおられます〕」

（ピリピ人への手紙4章4〜5節）


「しかし、御霊の実は、愛、喜び、平安、寛容、親切、善意、誠実、柔和、自制です。このようなものを禁ずる律法はありません」

（ガラテヤ人への手紙5章22〜23節）


「イエス・キリストは、きのうもきょうも、いつまでも、同じです」（ヘブル人への手紙13章8節）

「知恵のある者はだれか。／その者はこれらのことに心を留め、主の恵みを悟れ〔大いなる愛に思いを馳せよ〕」

（詩篇107篇43節）

●●●

◆
80

「あなたは栄光から栄光へと、わたしと同じかたちに姿を変えられて行く」

聖霊にゆだねて、あなたの内にこのすばらしい働きを行っていただきなさい。

わたしの方法と英知、意志に従いなさい。

人生で苦境に陥っても、そのつらい情況を無駄に過ごさないこと。

その機会を用いて、もっともっとわたしに似たものに変えてほしいと――真の自分になれるように助けてほしいと、わたしに願いなさい。

あなたは自ら進んで、**「わたしと、栄光をともに受けるために苦難をともに」**しなければならない。


たとえ、あなたの受ける「苦難」が重く、終わりがないように見えても、それがあなたに「**もたらしてくれる永遠の栄光**」に比べれば、実際には「**軽く、つかのま**」のもの……。

だからこそ、つらい目にあったことをわたしに感謝し、苦労が絶えないことでわたしを賛美することが、適切で理にかなったことになる。

これには二重の目的がある。逆境の最中《さなか》に――わたしがあなたの救い主であり、あなたのために行ったことのゆえに――感謝をささげるとき、わたしはあがめられるからだ。

そして感謝することで、あなたは「**栄光から栄光へと、わたしと同じかたちに、さらに姿を変えられていく**」。

●

「私たちはみな、顔のおおいを取りのけられて、鏡のように主の栄光を反映させながら、栄光から栄光へと、主と同じかたちに姿を変えられて行きます。これはまさに、御霊なる主の働きによるのです」

（コリント人への手紙第二3章18節）

「もし子どもであるなら、相続人でもあります。私たちがキリストと、栄光をともに受けるために苦難をともにしているなら、私たちは神の相続人であり、キリストとの共同相続人であります」

（ローマ人への手紙8章17節）

「今の時〔つかのま〕の軽い患難は、私たちのうちに働いて、測り知れない、重い永遠の栄光をもたらすからです」

（コリント人への手紙第二4章17節）

「詩と賛美と霊の歌とをもって、互いに語り、主に向かって、心から歌い、また賛美しなさい。いつでも、すべてのことについて、私たちの主イエス・キリストの名によって父なる神に感謝しなさい」

（エペソ人への手紙5章19～20節）

●●●

◆81

「床の上でわたしを思い出し、夜ふけてわたしを思いなさい」

夜、眠れないとき、四方八方からさまざまな思いがあなたを襲うことがあるだろう。

しっかり制御できないと、不安にとりつかれてしまう恐れがある。

最善の対策は、眠れない夜には、わたしのことを考えることだ。

心に浮かんだことを何でもわたしに伝えるようにしてごらん。「あなたの思い煩いを、いっさいわたしにゆだねなさい。わたしがあなたのことを**心配しているからだ**」

わたしはあなたのことを大切に思っている！

だからあなたは心をくつろがせ、「**わたしの翼の陰で、喜び歌う**」ことができるのだよ。

夜、「**わたしを思い出す**」ときは、わたしの真の姿について考え、わたしの完全さ――わたしの愛、喜び、平安に、思いをめぐらしなさい。

わたしの主権、英知、恵み、あわれみを喜び、わたしの名――羊飼い、救い主、インマヌエル、平和の君に、慰めを見いだして……。

わたしの力と栄光を畏《おそ》れなさい。わたしは「王の王、主の主」なのだから……。

こうしてあなたはわたしを賛美し、わたしがいることを喜ぶ。

わたしをこんなふうに思うことは、あなたの心をすっきりさせて、わたしの視点から物事を見られるようにする。そして、あなた自身にも新たな活力を与えてくれる。

「ああ、私は床の上であなたを思い出し、／夜ふけて私はあなたを思います」（詩篇63篇6節）

「あなたがたの思い煩いを、いっさい神にゆだねなさい。神があなたがたのことを心配してくださるからです」（ペテロの手紙第一5章7節）

「あなたは私の助けでした。／御翼の陰で、私は喜び歌います」（詩篇63篇7節）

「信仰の戦いを勇敢に戦い、永遠のいのちを獲得しなさい。あなたはこのために召され……ました。私は、すべてのものにいのちを与える神と、ポンテオ・ピラトに対してすばらしい告白をもってあかしされたキリスト・イエスとの御前で、あなたに命じます。私たちの主イエス・

キリストの現れの時まで、あなたは命令を守り、傷のない、非難されるところのない者でありなさい。その現れを、神はご自分の良しとする時に示してくださいます。神は祝福に満ちた唯一の主権者、王の王、主の主、ただひとり死のない方であり、近づくこともできない光の中に住まわれ、人間がだれひとり見たことのない、また見ることのできない方です。誉れと、とこしえの主権は神のものです」

（テモテへの手紙第一6章12〜16節）

●●●

◆82

混乱状態にあるときはわたしを頼みにしなさい。

物事がどうにもならなくなって、何をしても助けになりそうにもないときには……。

この種の信頼はわたしを喜ばせる。それが本物であることを知っているからだ。

わたしをあなたの闘いの中に招き入れなさい。できるかぎりあなたの近くに——。

たとえほかの人々が、あなたが何を頑張っているか本当には理解してくれなくても、わたしは完全にわかっている。

あなたはひとりぼっちで闘っているのではないことを知って、安心しなさい。「わたしはあなたとともにあり、ずっとあなたを守っている」

長期にわたる試練はあなたから活力と希望を奪い去り、わたしを信頼しつづけることを困難にしかねない。

けれどわたしは、あなたにすばらしい助け主――聖霊を与えてきた。その力は決して尽きることがない。

聖霊の助けを求めるには、こう祈ればいい――「イエスさま、あなたを信じておゆだねします。聖霊さま、どうぞわたしを助けてください」

自分の問題をすべて解決しようとしないで、ただわたしのもとでゆっくり休みなさい。あなたの前に道があることを信じて。たとえ、あなたにはまだ見えなくても……。

わたしはあなたのためにすばらしい道を備えている。ただし、時にはでこぼこ道のところがあったりもするが――。

道が悪いときは、さらにしっかりとわたしにつかまりなさい。「あなたのたましいは、わたしにすがり、わたしの右の手は、あなたをささえている」

●

「わたしはあなたとともにあり、あなたがどこへ行っても、あなたを守り、あなたをこの地に連れ戻そう。わたしは、あなたに約束したことを成し遂げるまで、決してあなたを捨てない」

（創世記28章15節）

「わたしが父のもとから遣わす助け主、すなわち父から出る真理の御霊が来るとき、その御霊がわたしについてあかしします」

（ヨハネの福音書15章26節）

「私のたましいは、あなたにすがり、／あなたの右の手は、私をささえてくださいます」

（詩篇63篇8節）

◆

83

「わたしはあなたを強くし――あなたに内なる力を注ぎこんで、何があってもすぐに対処できるようにしよう」

大切なのは、この内なる力はわたしによって、わたしとのふれあいを通して与えられることを忘れないことだ。

それは、あなたが必要なときに――わたしに目を据え、わたしにすべてを託した信頼の歩みを前へ前へと進めていくときに、与えられる。

この約束は、不安への――とりわけ、前方に大きく立ちはだかる情況に押しつぶされるのではないかという不安に対する、強力な解毒剤となる。

それはあなたを威圧するように見えるかもしれないが、あなたは「わたしによって」確実に、「何があってもすぐに対処できる」のだから……。

もちろん、あなたは今の時点では、考えられるかぎりのすべての情況に対処できるわけではない。わたしがあなたの人生に起こることを注意深く治めているからだ。

わたしはあなたをすべての危険から――あなたがまだ知らないことも、すでにわかっていることからも、常に守っている。

そして、あなたの人生にかかわることをわたしが許したすべてのものに対処する力を、まさにあなたが必要とするときに与えている。

あなたが心配している将来の出来事は、実際には起こらないことが多い。

わたしの約束は、今あなたが直面している物事に対するもので、それで十分なのだ。

だから上り道の旅をつらく感じてきたら、自分自身にこの真理を告げなさい――「**私は、私を強くしてくださる方によって、どんなことでもできるのです**」と……。

●

「私は、私を強くして〔私に内なる力を注ぎこんで〕くださる方によって、どんなことでもできる〔何があってもすぐに対処できる〕のです」

（ピリピ人への手紙4章13節）

「わたしにとどまりなさい。わたしも、あなたがたの中にとどまります。枝がぶどうの木についていなければ、枝だけでは実を結ぶことができません。同様にあなたがたも、わたしにとどまっていなければ、実を結ぶことはできません」

（ヨハネの福音書15章4節）

「主は私の力、私の盾。／私の心は主に拠り頼み、私は助けられた。／それゆえ私の心はこおどりして喜び、／私は歌をもって、主に感謝しよう」

（詩篇28篇7節）

●●●

◆
84

「**わたしを待ち望みなさい。わたしはあなたの助け、あなたの盾**」

待つことそのものは、美徳ではない。

重要なのはいかに待つかである。あきらめかけてイライラして待つか、それとも希望を抱いて――ひたすらわたしをあなたの心の中心に置いて、待つか、なのだ。

　希望には、確信の置ける期待という一面がある。あなたにとって何にもまさる希望がわたしに対するものなら、あなたが確信を置くのはしごく当然なことだ。わたしは「世の終わりまで、いつもあなたとともにいる」と約束したのだから……。

　それだけではない。世の終わりには、わたしは栄光の力を携えて戻ってくる。この世界をさばき、わたしの王国を築くために――。

　わたしを待つあいだ、「わたしはあなたの助け、あなたの盾」であることを忘れないようにしなさい。

　すぐにあなたを助けられるようにいつもわたしがそばにいることを、わたしの変わらぬ愛が保証している。

　この愛の助けは、あなたのわたしへの信頼によって得られるもの……。たとえ何が起こっても、どんなに気持ちが落ちこんでも、わたしへの信頼を声に出しなさい！

　わたしはあなたを、多くの苦難から盾で守ってきた。これからもずっとあなたを守りつづける。だから、あなたの希望をすべてわたしに託しなさい。そうすれば、あなたの待ち時間をわたしの光が輝かせてくれるから……。

●

「私たちのたましいは主を待ち望む。／主は、われらの助け、われらの盾」（詩篇33篇20節）

「イエスは近づいて来て、彼らにこう言われた。

『わたしには天においても、地においても、いっさいの権威が与えられています。それゆえ、あなたがたは行って、あらゆる国の人々を弟子としなさい。そして、父、子、聖霊の御名によってバプテスマを授け、また、わたしがあなたがたに命じておいたすべてのことを守るように、彼らを教えなさい。見よ。わたしは、世の終わりまで、いつも、あなたがたとともにいます』」

（マタイの福音書28章18～20節）

「しかし、この私は、／神の家にあるおい茂るオリーブの木のようだ。／私は、世々限りなく、神の恵みに拠り頼む」

（詩篇52篇8節）

「わたしはあなたの、よみがえった生ける救い主である！
わたしの復活によって、あなたは永遠に生きつづける希望へと生まれ変わった。
あなたにとって絶対に欠かせないのは、人生にたとえ何が起ころうとも希望を持ちつづけること…略…
あなたの人生を嵐が襲うとき、あなたはただひとつの適切な助けの源を見いだすことができる——それはわたしだ！」

——*Jesus Lives*

「『主こそ、私の受ける分です』と
私のたましいは言う。
それゆえ、私は主を待ち望む」（哀歌3章24節）

◆ 85

「心の貧しい者は幸いだ。天の御国はその人たちのものだから」

それゆえ、自分の力不足を痛いほど感じるときは、喜びなさい！　それが「心の貧しい者」だということだからだ。

世間は自己充足に喝采を送り、書店にはこの目標に到達するのを助けるために企画された本があふれている。

ところがそれは、わたしの王国のやり方ではない。

わたしは自分の子どもたちに、わたしに完全に依存していることを認めて喜んでもらいたい。

「あなたは、恵みのゆえに、信仰によって救われた」

恵みも信仰も、どちらもわたしからの贈り物！　あなたの役目は、これらの輝かしい贈り物に応えて受け入れること。

最良の応え方は、感謝の心――わたしが行ったすべてのことに対する感謝に満ちあふれた心……。

あなたはきわめて「幸いだ。天の御国はあなたのものだから」。

罪に堕《お》ちた世界に生きる重圧に押しつぶされそうになったときは、自分をかわいそうに思いたい誘惑に耐えて、かわりにこう言いなさい。「わたしは恵みを受けていることに感謝している。しかも『栄光』へと向かう途中なのだ」と……。

「心の貧しい者は幸いです。天の御国はその人たちのものだから」
（マタイの福音書5章3節）

「あなたがたは、恵みのゆえに、信仰によって救われたのです。それは、自分自身から出たことではなく、神からの賜物です」
（エペソ人への手紙2章8節）

「ことばに表せないほどの賜物のゆえに、神に感謝します」
（コリント人への手紙第二9章15節）

「あなたは、私をさとして導き、／後には栄光のうちに受け入れてくださいましょう」
（詩篇73篇24節）

●●●

◆86

「わたしは、世の光である。わたしに従う者は、決してやみの中を歩むことがなく、いのちの光を持つ」

この世界には多くの闇があるが、あなたは常にわたしのそばに来ることができる。だから、決して完全な闇に陥ることはない。

あなたの前方の道は、はっきりとは見えないかもしれない。とくに道の先が未来の中に消えてしまっているときは――。

あなたは行く先に何が待ち受けているかを予測できるように、投光照明で照らしてほしいと思っている。

それでも、わたしはあなたに言う。わたしは十分に与えている、と！

わたしはあなたの隣にいる。それでいながら、あなたの前を歩んでもいる。その道を照らしながら――。

あなたの課題はわたしを信頼して、わたしがもたらす光に従っていくこと。

たとえそれがどれほど微《かす》かに見えても、あなたの今日一日の旅には十分なのだから……。

いつの日か、あなたはわたしとともに天国にいる。そこであなたは、燦然《さんぜん》と輝くわたしの栄光の光を目にする。

闇は過去のものとなり、あなたはすべてのものをはっきりと見ることができる。「もはや夜がない。わたしがあなたを照らすので、あなたにはともしびの光も太陽の光もいらない」――あなたの想像をはるかに超えて！

あなたはわたしのそばで生きなさい。あなたが「いのちの光を持つ」ために……。

●

「イエスはまた彼らに語って言われた。『わたしは、世の光です。わたしに従う者は、決してやみの中を歩むことがなく、いのちの光を持つのです』」

（ヨハネの福音書8章12節）


「義人の道は、あけぼのの光のようだ。／いよいよ輝きを増して真昼となる」

（箴言4章18節）


「もはや夜がない。神である主が彼ら［天国の人々］を照らされるので、彼らにはともしびの光も太陽の光もいらない。彼らは永遠に王である」

（ヨハネの黙示録22章5節）

◆ 87

わたしは「苦しむとき、そこにある確実な助け」。

わたしはいつもあなたとともにいる。苦難のときには必ず「**そこにいる**」。

あなたはわたしの王家の一員——天の国の民だから、わたしはあなたを守るために心を砕いている。

緊張の多いときには、心臓の鼓動が激しくなり、アドレナリンのレベルが急上昇するかもしれない。

こうした生理的な変化のせいで、わたしの存在にあなたが気づかない恐れがある。だからそんなとき、きわめて大切なのは、自分自身にこう思い起こさせることだ——「イエスさまは今ここに、わたしとともにいてくださる。本当に、この逆境の中でも必ずそばにいてくださるのだ」

それからゆっくりと深呼吸をすれば緊張が和らぎ、わたしとふれあって、わたしから力を受けることができる。

聖書の歴史には、苦難の際にわたしが民の信頼に応えた例が数多く載っている。

世界の歴史の中にも——現代の出来事も含めて——わたしの力強い存在が証明された例がある。世俗的な報道では耳にすることがなくても、わたしはあなたの世界で奇蹟を行いつづけている。

さらに、あなた自身の人生を何年かふりかえってみれば、苦境のときにわたしがあなたの必要をかなえた例がたくさんあったことに気づくだろう。わたしはそうした過去の歴史に証明された「**確実な助け**」なのだから、今もあなたを助けることを信じてゆだねなさい！

「神はわれらの避け所、また力。苦しむとき、そこにある助け［確実な助け］」

（詩篇46篇1節。［ ］内はリビングバイブル）

「あなたがたの神、主は、あなたがたが渡ってしまうまで、あなたがたの前からヨルダン川の水をからしてくださった。ちょうど、あなたがたの神、主が葦の海になさったのと同じである。それを、私たちが渡り終わってしまうまで、私たちの前からからしてくださったのである」

（ヨシュア記4章23節）

「あなたがたを、つまずかないように守ることができ、傷のない者として、大きな喜びをもって栄光の御前に立たせることのできる方に、すなわち、私たちの救い主である唯一の神に、栄光、尊厳、支配、権威が、私たちの主イエス・キリストを通して、永遠の先にも、今も、また世々限りなくありますように」

（ユダの手紙24〜25節）

◆ 88

「聖なる美しさをまとって、わたしを誉め讃えなさい」

あなたの世界には実に多くの美しさがあるが、そのひとつとして、完全に聖なるものはない。だから「**聖なる美しさ**」はあなたが部分的にしか知らないものなのだ。今の時点では――。

いつの日か、「**あなたが完全に知られているのと同じように、あなたも完全に知ることになる**」。それでも、今でもわたしの聖さを意識することで、さらにわたしを誉めたたえるようになる。

針の先ほどの罪にすら汚されていないわたしの完全さは、あなたを歓喜させ、畏怖の思いで満たす。

さあ、天使たちと一緒に賛美しよう。「聖なる、聖なる、聖なる、万軍の主。**その栄光は全地に満つ！**」

わたしをよく賛美することで、あなたは変わる。わたしが初めに意図したとおりのあなたに、もっともっと変えられていく。

心からの賛美をささげるためには、本当のわたしを知ることが求められる。

あなたはわたしのことをすべて完全に理解することはできないが、聖書に明らかにされているとおりに正確に知ろうと、せいいっぱい努力することはできる。

わたしへの理解を深めることで、あなたは変えられ、わたしはあがめられる。美しい「誉め歌」によって……。

「御名の栄光を、主に帰せよ。／聖なる飾り物を着けて主にひれ伏せ［美しさをまとって、主を誉めたたえよ］」

（詩篇29篇2節）

「今、私たちは鏡にぼんやり映るものを見ていますが、その時には顔と顔とを合わせて見ることになります。今、私は一部分しか知りませんが、その時には、私が完全に知られているのと同じように、私も完全に知ることになります」

（コリント人への手紙第一13章12節）

「〔セラフィムは〕互いに呼びかわして言っていた。／『聖なる、聖なる、聖なる、万軍の主。／その栄光は全地に満つ』」

（イザヤ書6章3節）

●●●

◆89

「わたしはあなたの名を呼んだ。あなたはわたしのもの」

どんなに孤立しているとあなたが思うときがあっても、あなたはわたしのものだ！

わたしはあなたの罪の代価をすべて支払うことで、あなたを贖った。「何ものも、わたしの愛からあなたを引き離すことはできない」

わたしはいちばん親しいやり方で、あなたをわたしのもとに招いた。あなたの人生に介入し、あなたの心の複雑で繊細な部分に語りかけた。

わたしを信じて従う人はおびただしい数にのぼるが、あなたはその数のひとつではない。わたしは常にあなたを「名前で呼んで」、あなたに語りかけている。

それどころか、あなたはわたしにとってかけがえのない存在だから、「わたしは手のひらにあなたを刻んだ」のだ。

この世界の出来事はあなたの周囲を目まぐるしく回り、あなたの個人的な世界は不安定に感じられる。

そんなときは、そうしたストレスの原因をいつまでも思いわずらっていないで、自分にこの真実を言い聞かせなさい――「確かに、この世界は問題ばかり……。でもイエスさまがわたしのそばにいて、すべてを支配してくださる」

この、〝でもイエスさまが――〟と唱えることが、あなたの人生を劇的に変える。

日々何度でも、悩み事からわたしに主語を変えて、こうささやきなさい。「でもイエスさまが……」そしてわたしに目を向けてごらん！

●

「イスラエルよ。／あなたを形造った方、主はこう仰せられる。／『恐れるな。わたしがあなたを贖ったのだ。／わたしはあなたの名を呼んだ。／あなたはわたしのもの』」

（イザヤ書43章1節）

「私はこう確信しています。死も、いのちも、御使いも、権威ある者も、今あるものも、後に来るものも、力ある者も、高さも、深さも、そのほかのどんな被造物も、私たちの主キリスト・イエスにある神の愛から、私たちを引き離すことはできません」

（ローマ人への手紙8章38〜39節）

「見よ。わたしは手のひらに／あなたを刻んだ。／あなたの城壁は、いつもわたしの前にある」

（イザヤ書49章16節）

●●●

◆
90

「わたし——あなたの主、神は、あなたの力」

あなたは、自分の弱さに痛いほど気づいている。今、直面している多くの難題に対処するには力不足なことを知っている。

それは決して気分のいいものではないが、実はとても恵まれた状態なのだ。

自分の窮乏を意識することで、あなたはわたしを頼りつづけるようになり、わたしは「栄光の富をもって、あなたの必要をすべて満たす」。

気力がなくなってきたら、「あなたの力」であるわたしとふれあいなさい。

時には、わたしのもとで過ごしているあいだに、わたしはあなたにあふれるほどの力を注ぎこむ。

また、ほんの少しずつ、ゆっくり前に進めるだけの力を補充するときもある。

たっぷりと供給するほうがもっと感動的で満足感も大きいとはいえ、さしあたって十分なだけの力を与えるとわたしが決めたときは、がっかりしないこと。

これは、あなたを人生の旅路でもっとわたしに近くし、わたしに頼りつづけるようにさせるわたしの方法といえるかもしれない。

こうやってわたしの近くにいることで、あなたはわたしのささやきを——あなたに喜びを感じていることを告げるわたしの声を、聞くことができる。

このささやきをはっきりと聞くには、次のことを確信しなければならない。

すなわち、あなたの人生は「**あなたの主、神である**」わたしにゆだねられていること。あなたの旅は――たとえ、どれほど困難であっても、恵みに満ちあふれている、ということを……。

●

「私の主、神は、私の力。／私の足を雌鹿のようにし、／私に高い所を歩ませる」

（ハバクク書3章19節）

「また、私の神は、キリスト・イエスにあるご自身の栄光の富をもって、あなたがたの必要をすべて満たしてくださいます」

（ピリピ人への手紙4章19節）

「尊厳と威光は御前にあり、／力と光栄は主の聖所にある。／国々の民の諸族よ。**主**にささげよ。／栄光と力を**主**にささげよ」

（詩篇96篇6〜7節）

■

「私たちは、限りがある失望は受け入れなければならないが、限りのない希望は決して失ってはならない」

――マーティン・ルーサー・キング・ジュニア

「あなたは私を多くの苦しみと悩みとに、
会わせなさいましたが、
私を再び生き返らせ……てくださいます。
あなたが私の偉大さを増し、
ふり向いて私を慰めてくださいますように」

（詩篇71篇20〜21節）

■

◆91

わたしはあなたを、喜んでわたしに依存して生きるように招いている。

多くの人々は、依存することを卑しむべき状態だと見なし、可能なかぎり自力で物事を成し遂げようとやっきになっている。

これは、あなたのためのわたしのやり方ではない！

わたしはあなたを、常にわたしを必要とするように、そしてそのことを喜ぶようにと意図して造り上げた。

自分の創造主の意図と一致した生き方をするとき、あなたは潜在能力を最大限に活用し、人生をもっと楽しむことができる。

使徒パウロは、信徒たちに「いつも喜んでいなさい。**絶えず祈りなさい**」と熱心に説いた。

わたしのいるところには常に喜びを見いだせる。わたしは「**あなたを見放さず、あなたを見捨てない**」と約束した。

だからあなたは、どんなときでもわたしに話しかけることができる。わたしがあなたに耳をすませ、心にかけていることを知っているからだ。

「**絶えず祈る**」ことは、あなたがわたしに——あなたが祈りをささげる唯一の神に、意図的に依存していることを表明するひとつの方法である。

わたしに頼るもうひとつの効果的な方法は、わたしのことばを学び、それを用いて自分をすっかり変えてください、とわたしに願うことだ。

これらの喜ばしい訓練は、あなたがわたしに喜んで依存して生きるのに役立つ。

わたしをもっともっと**「あなたの喜びとしなさい」**。そうすればあなたの喜びは増し、わたしはあがめられるからだ。

●

「いつも喜んでいなさい。絶えず祈りなさい」

（テサロニケ人への手紙第一5章16～17節）

「主ご自身があなたの先に進まれる。主があなたとともにおられる。主はあなたを見放さず、あなたを見捨てない。恐れてはならない。おののいてはならない」

（申命記31章8節）

「私は心を尽くしてあなたを尋ね求めています。／どうか私が、あなたの仰せから／迷い出ないようにしてください。／あなたに罪を犯さないため、／私は、あなたのことばを心にたくわえました。／主よ。あなたは、ほむべき方。／あなたのおきてを私に教えてください」

（詩篇119篇10～12節）

「主をおのれの喜びとせよ。／主はあなたの心の願いをかなえてくださる」

（詩篇37篇4節）

●●●

◆ 92

「わたしの光の中を歩みなさい――わたしの名をいつも喜び、わたしの義によって高く上げられなさい」

この世界はしだいに暗くなっている。それでもわたしの光は、ずっと変わらず明るく輝いている。それどころか、わたしの栄光は、悪の暗さを背景としてさらにまばゆく輝きつづけている。

キリスト的な善なるものがこの世的な堕落したものと衝突したときは、奇蹟を求めて目を配っていなさい！

この霊的に対立するものの衝突は、わたしの強力な介入につながる情況を作りだす。

現状がどんなに困難なものであっても、あなたは「わたしの名を喜ぶ」ことができる。わたしが誰であるかの真髄はすべて、このひとつの言葉――「主イエス」に凝縮されている。

あなたはわたしの名を、小声で祈るときにも、賛美にも、自分を守るものとしても用いることができる。その効力は決して失われることがない。

どれほど情況が暗くても、あなたは「わたしの義によって、高く上げられ」、歓喜の声をあげることができる。

何ものも、この「義」を汚すことはできない。わたしは、この義をあなたが永遠にまとうことができるように、輝く「救いの衣」に織り上げた。

あなたはわたしの光の中を歩む。わたしの聖なる名を十分に活用し、「正義の外套」を喜んで身にまとって……。

●

「幸いなことよ、喜びの叫びを知る民は。／主よ。彼らは、あなたの御顔の光の中を歩みます。／彼らは、あなたの御名をいつも喜び、／あなたの義によって、高く上げられます」

「それゆえ神は、この方を高く上げて、すべての名にまさる名をお与えになりました。それは、イエスの御名によって、天にあるもの、地にあるもの、地の下にあるもののすべてが、ひざをかがめ、すべての口が、『イエス・キリストは主である』と告白して、父なる神がほめたたえられるためです」（ピリピ人への手紙2章9～11節）

「わたしは主によって大いに楽しみ、／わたしのたましいも、わたしの神によって喜ぶ。／主がわたしに、救いの衣を着せ、／正義の外套をまとわせ、／花婿のように栄冠をかぶらせ、／花嫁のように宝玉で飾ってくださるからだ」（イザヤ書61章10節）

●●●

◆
93

「わたしは、すべてわたしに身を避ける者の盾」（詩篇89篇15～16節）

だからわたしのそばにきて、あなたの盾となるわたしの傘下から離れないようにしなさい。

あなたは時々、自分は守られていない、危険にさらされている、と感じることがある。これは、あなたがわたしの保護下から這《は》い出て、自分ひとりの力でこの世界に立ち向かおうとするときに起こる。

あなたは、わたしがともにいるという大切な真実を忘れるたびに、無意識にそうしてしまう。

そんなときにあなたが感じる不安は、自分がしていることに気づかせてくれる。治療は簡単――

「**わたしに身を避ける**」ことだ。

あなたを危険から守る盾となることは、わたしの働きの一部である。「**わたしはあなたの羊飼い**」だからだ。

わたしは警戒を怠らず、あなたの道の先に何があるか正確にわかっている。危険な情況を予測して、あなたにその備えをさせる。

すぐれた羊飼いは問題が起きても、多くの場合はたくみに対処するので、羊たちは気づくこともなくずっと幸せに過ごすことができる。

だから、自分が従おうとする者を――あなたの羊飼いを、注意深く選ぶのは賢明なことだ。

わたしはただひとりの完全な「**良い牧者**」である。

わたしと、わたしの道に従いなさい。わたしによって、危険とそして不安からも守られるように……。

●

「神、その道は完全。／主のみことばは純粋。／主はすべて彼に身を避ける者の盾」

（サムエル記第二22章31節）

「主は私の羊飼い。／私は、乏しいことがありません。／主は私を緑の牧場に伏させ、／いこいの水のほとりに伴われます。／主は私のたましいを生き返らせ、／御名のために、私を義の道に導かれます。／たとい、死の陰の谷を歩くことがあっても、／私はわざわいを恐れません。／あなたが私とともにおられますから。／あなたのむちとあなたの杖、／それが私の慰めです」

（詩篇23篇1～4節）

「わたしは、良い牧者です。良い牧者は羊のためにいのちを捨てます。……わたしは良い牧者です。わたしはわたしのものを知っています。また、わたしのものは、わたしを知っています。それは、父がわたしを知っておられ、わたしが父を知っているのと同様です。また、わたしは羊のためにわたしのいのちを捨てます」

（ヨハネの福音書10章11、14～15節）

●●●

◆ 94

わたしは「**あなたが、わたしから与えられた分に応じて人生を歩み**」、そのことに満足するように呼びかけている。

満足することを学ぶのは、訓練であると同時に

自分の現状をほかの誰かと比べて、それによって不満を感じないように注意しなさい。

また、今の境遇を以前と比較したり、現実とは似ても似つかぬ幻想と比べることも、百害あって一利なしだ。

それよりも、わたしがあなたに与えた人生を、「**神がお召しになったもの**」として受け入れるためにあらゆる努力をすることだ。

この見方をすることが、どれほど過酷な情況においても苦痛の刺《とげ》を取り除く助けになる。

わたしがあなたを召す場合には、あなたがその情況に耐えるために必要なものはすべて与えよう。その只中でも、喜びを見いだすことができるように……。

ひとつの技《わざ》でもある。

それは、万物の支配者であるわたしのあなたへの扱い方を信頼し、わたしの人知を超えた無限の「知恵と知識」の前に頭《こうべ》をたれるように、自分の心を訓練することだ。

あなたは、人生の日々の細部にいたるまでわたしを慕い求めながら、その間もずっと、苦難や混乱の中から良きものが現れるのを期待する。より良い未来への希望を失うことなく、現状を受け入れながら……。

そして天国の希望に喜びを見いだす。あなたが最終的に召されているものは、言葉には言い表せないほどの喜びに満ちた人生であることを知っているからだ！


「ただ、おのおのが、主からいただいた分に応じ、また神がおのおのをお召しになったときのままの状態で歩むべきです。私は、すべての教会で、このように指導しています」

（コリント人への手紙第一７章17節）


「私は、貧しさの中にいる道も知っており、豊かさの中にいる道も知っています。また、飽くことにも飢えることにも、富むことにも乏しいことにも、あらゆる境遇に対処する秘訣を心得ています」

（ピリピ人への手紙４章12節）


「ああ、神の知恵と知識との富は、何と底知れず深いことでしょう。そのさばきは、何と知り尽くしがたく、その道は、何と測り知りがたいことでしょう。なぜなら、だれが主のみこころを知ったのですか。また、だれが主のご計画にあずかったのですか。また、だれが、まず主に与えて報いを受けるのですか。というのは、すべてのことが、神から発し、神によって成り、神に至るからです。どうか、この神に、栄光がとこしえにありますように」

（ローマ人への手紙11章33～36節）

●●●

◆95

「わたしは、わたしの民に力を与える。わたしは平安をもって、わたしの民を祝福する」


わたしの民とは、わたしを自分の救い主であり、神であると信頼するすべての人々のことだ。

　わたしがあなたの罪のために十字架上で死んだことは、**「永遠のいのち」**を与えるのに十分だった。わたしはまことの神だからだ。

　ゆえに永遠のいのちを授ける神は、あなたに力をも与えることを確信して安心しなさい。

　弱さを感じるときは、今直面している難局を切り抜けられるかどうか心配して気力を無駄にしないこと。

　わたしはあなたの道の前方に何があるか、あなたより良く知っている。あなたがその道を行くひと足ひと足を、いつでも助ける備えができている。

　わたしは自身の血であなたを買い取ったのだから、わたしはあなたに対する巨大な所有権をすでに獲得しているのだ。

　あなたはわたしのものだから、わたしは**「平安をもって、あなたを祝福する」**ことを望んでいる。

「わたしがあなたに与える平安は、世が与えるのとは違う」。それは、どれほど困難な局面とも共存することができる。「すべてにまさっている」からだ。

それはあなたの現状と「あなたの考え」の両方を超えて、あなたをも高めてくれる！

●

「主は、ご自身の民に力をお与えになる。／主は、平安をもって、ご自身の民を祝福される」（詩篇29篇11節）

「神は、実に、そのひとり子をお与えになったほどに、世を愛された。それは御子を信じる者が、ひとりとして滅びることなく、永遠のいのちを持つためである」（ヨハネの福音書3章16節）

「わたしは、あなたがたに平安を残します。わたしは、あなたがたにわたしの平安を与えます。わたしがあなたがたに与えるのは、世が与えるのとは違います。あなたがたは心を騒がしてはなりません。恐れてはなりません」（ヨハネの福音書14章27節）

「そうすれば、人のすべての考えにまさる神の平安が、あなたがたの心と思いをキリスト・イエスにあって守ってくれます」（ピリピ人への手紙4章7節）

●●●

◆ 96

あなたは、わたしと一緒に冒険の道を歩んでいる。

これは楽な日々ではないが、良きものでもある。苦労も多いが、恵みもたくさんあるからだ。

　骨の折れる難所を越えて旅するあなたに、教えたいことがたくさんある。それらをすべて学べるように、いつも心を開いておきなさい。

　そして慣れ親しんだ快適さを手放すのを厭《いと》わないこと。この冒険に、心から「はい、従います！」と言えるように……。

　わたしは、あなたが今直面している難題に対処するのに必要なものをすべて与える。

　自分自身を未来に置いて――心の中でまだ来ていない時間を歩き抜こうとして、エネルギーを無駄に使うのはやめなさい。これは一種の不信仰だからだ。

　わたしにはあなたの必要なものを供給する無限の資源がある。わたしの意のままに動く膨大な数の天使の軍団もそのひとつだ。

　この旅のことで決定をするときは「絶えず祈りなさい」。

　わたしは、あなたが賢明な選択をするように助けることができる。わたしはすべてを――あなたの道の先に何が待ち受けているかも含めて、知っているからだ。

　あなたの心は、自分の道についてさまざまな計画を立てようとするが、「あなたの歩みを確かなものにするのは、主である」このわたしなのだから……。


「隠されていることは、私たちの神、主のものである。しかし、現されたことは、永遠に、私たちと私たちの子孫のものであり、私たちがこのみおしえのすべてのことばを行うためである」

（申命記29章29節）

「まことに主は、／あなたのために、御使いたちに命じて、／すべての道で、あなたを守るようにされる。／彼らは、その手で、あなたをささえ、／あなたの足が／石に打ち当たることのないようにする」

（詩篇91篇11〜12節）

「絶えず祈りなさい」

（テサロニケ人への手紙第一5章17節）

「人は心に自分の道を思い巡らす。しかし、その人の歩みを確かなものにするのは主である」

（箴言16章9節）

■

「私たちの希望は、『私の想像では、そう思う』とか『どうやら、そうらしい』というような、撚《よ》りの甘い糸に吊るされているわけではない。…略…私たちの救いは、神ご自身の御手とキリストご自身の御力によって、神の不変のご性質という強い柱に結びつけられているのである」

――サミュエル・ラザフォード

■

「主であるわたしは変わることがない」

（マラキ書3章6節）

◆97

常にあなたの心の焦点をわたしに戻すようにしなさい！

「わたしがいつもあなたのことを考え、あなたが気にかかっているすべてのことを見守っているからだ」

それなのに、人間にすぎないあなたは、時々わたしを見失うことがある。

わたしに心を集中しつづけることが、あなたにとってどれほど大変なことか、わたしにはわかっている。とくに気力がなくなったり、疲れを感じているときは……。

だからあなたの心がわたしからさまよいだしたことに気づいたら、そのたびに自分自身を優しく赦してあげよう。

そして急いで、思いや言葉や歌でわたしを賛美することで、わたしのもとに戻っておいで！

わたしの名を――うやうやしく、愛をこめて、ささやくことも賛美になる。

「あなたの思い煩いを、いっさいわたしにゆだねなさい」

これは簡単なことのように聞こえるかもしれないが、そうではない。あなたは、「思い煩い」が頭の中を好き勝手にうろつきまわっているのに慣れてしまっているからだ。

だからわたしの助けを確信して、気がかりなことはすべてわたしのところに持ってくるように自分自身を訓練しなければならない。

あなたは決してたったひとりで闘っているので

はないことを心に刻みなさい。わたしはいつも、あなたとあなたが置かれている情況を心にかけている。

「わたしには天においても、地においても、いっさいの権威が与えられている」から、あなたを助けることができる。

わたしのもとに来て、あなたの「思い煩い」を捨てなさい。そうすれば、子どものように信頼しきって、わたしにしがみつくことができるから……。

●

「あなたがたの思い煩いを、いっさい神にゆだねなさい。神があなたがたのことを心配して〔考え、あなたがたが気にかかっているすべてのことを見守っていて〕くださるからです」

（ペテロの手紙第一5章7節）

「イエスは近づいて来て、彼らにこう言われた。『わたしには天においても、地においても、いっさいの権威が与えられています』」

（マタイの福音書28章18節）

「そのとき、弟子たちがイエスのところに来て言った。『それでは、天の御国では、だれが一番偉いのでしょうか。』そこで、イエスは小さい子どもを呼び寄せ、彼らの真ん中に立たせて、言われた。『まことに、あなたがたに告げます。あなたがたも悔い改めて子どもたちのようにならない限り、決して天の御国には、入れません。だから、この子どものように、自分を低くする者が、天の御国で一番偉い人です』」

（マタイの福音書18章1～4節）

◆98

「わたしの変わらぬ愛」はあなたの燃料――あなたにとって最高のエネルギー源になる。

この輝かしい力の源には限りがない。だから、常にあふれるほど手に入れられる。

あなたはついつい自分の健康と体力のことばかり考えてしまいがちだ。

そうした心配ごとのための余地はあるとはいえ、ますますあなたの思いを占拠するようになりかねない。

あなたが自分の体調のことばかり気にしていると、わたしはあなたの心の中心から外れて隅に追いやられる。

そんなときは、あなたはわたしから多くの助けを受けられなくなってしまう。

その救済策は、すぐに悔い改めること。つきまとって離れない考えに背を向けて、全身全霊でわたしに向き直ることだ。


わたしに思いを集中すればするほど、あなたは「わたしの変わらぬ愛」を受けやすくなる。

この超自然的なエネルギーの源泉は、あなたがわたしに信頼の目を向けるとき、あなたの内にふんだんに流れこむ。

これは単にあなたのエネルギーのレベルを増すだけではない。あなたを通して、わたしがほかの人々を愛する道をも備えてくれる。

それだからあなたは、わたしのそばでいのちの道を歩みなさい。わたしの限りない愛にエネルギーと力を受けながら……。

●

「主は正義と公正を愛される。／地は主の恵み〔変わらぬ愛〕に満ちている」（詩篇33篇5節）

「いつも主にあって喜びなさい。もう一度言います。喜びなさい」（ピリピ人への手紙4章4節）

「このために、私もまた、自分のうちに力強く働くキリストの力によって、労苦しながら奮闘しています」（コロサイ人への手紙1章29節）

「だれでも、イエスを神の御子と告白するなら、神はその人のうちにおられ、その人も神のうちにいます。私たちは、私たちに対する神の愛を知り、また信じています。神は愛です。愛のうちにいる者は神のうちにおり、神もその人のうちにおられます」（ヨハネの手紙第一4章15～16節）

●●●

◆99

「わたしはあなたのために良い計画を立てている。それはあなたに将来と希望を与えるためのものだ」

多くの人が未来に不安を抱いているが、あなたの将来は最終的には輝かしいものとなる。とうてい、あなたの想像の及ばぬほどに！

自分が天国への道の途中にいるのだと知っていることは、あなたの幸せにとってきわめて重要なことだ。

これを知っていることは、あなたの人生を日々、一瞬一瞬、助けてくれる。

あなたのパラダイスにおける住まいはまだ先のことだが、天の光は時を超えて、現在でもあなたを照らしている。


わたしはあなたの希望——決してあなたを見捨てることはない。わたしはあなたの罪の罰金を支払ったのだから……。

あなたの人生の現状がどうあろうとも、**「わたしに望みを託す」**ことが現実に即していることには変わりない。

何があってもわたしへの信頼を貫くなら、**「あなたはなおも、わたしをほめたたえるだろう。わたしの救いを」**。

さらにあなたは信仰によって、行く手にある恵みを予知して、暗闇の中でもわたしをあがめることができる。

希望を抱いてわたしに目を向けつづければ、わたしの天の光はあなたの心の中でさらに明るく輝く。これこそ、**「わたしの栄光を知る知識の輝き」**なのだから！

●

「わたしはあなたがたのために立てている計画をよく知っているからだ。——主の御告げ——それはわざわいではなくて、平安を与える計画であり、あなたがたに将来と希望を与えるためのものだ」

（エレミヤ書29章11節）

「わがたましいよ。／なぜ、おまえはうなだれているのか。／私の前で思い乱れているのか。／神を待ち望め［神様に望みを託すがよい］。／私はなおも神をほめたたえる。御顔の救い

を」（詩篇42篇5節。〔　〕内はリビングバイブル）

「『光が、やみの中から輝き出よ』と言われた神は、私たちの心を照らし、キリストの御顔にある神の栄光を知る知識を輝かせてくださったのです」（コリント人への手紙第二4章6節）

●●●

◆100

この世は、つい考えこんでしまうような悲観的なことであふれている。

時には、それが自分の問題であれ、他人の問題であれ、あなたの注意を求めて叫んでいるように感じられる。

それはあなたの考えをどんどん占領していき、ついには「あなたの心が元気を失い、疲れ果ててしまい」かねない。

それでも、忘れてはいけない。あなたは自分が何を考えるか、その主題を選ぶことができるのだ。

わたしに大声で呼びかければ、わたしがあなたを助ける。わたしに顔を向け、わたしの光に照らされなさい。

過去に間違った選択をしたことで敗北感を抱くことはない。過去の選択に、現在の自分を限定されることもない。

この一瞬一瞬が、わたしのそばに近づき、わたしのそばにいることを楽しむ新たな機会を与えてくれているからだ。

それを行うひとつの方法は、こう祈ること――

「イエスさま、わたしは自分の問題の只中であなたを慕い求めることを選びます」

たとえ、一日に何百回もそう繰り返さなければならなくても、決してあきらめてはいけないよ。

「あなたがたは、世にあっては患難があります。しかし、勇敢でありなさい。わたしはすでに世に勝ったのです」

あなたはわたしに平安を見いだすことができるのだから……。

●

「あなたがたは、罪人たちのこのような反抗を忍ばれた方のことを考えなさい。それは、あなたがたの心が元気を失い、疲れ果ててしまわないためです」

（ヘブル人への手紙12章3節）


「この悩む者が呼ばわったとき、／主は聞かれた。／こうして、主はすべての苦しみから彼を救われた。／主の使いは主を恐れる者の回りに陣を張り、／彼らを助け出される」

（詩篇34篇6～7節）


「わたしがこれらのことをあなたがたに話したのは、あなたがたがわたしにあって平安を持つためです。あなたがたは、世にあっては患難があります。しかし、勇敢でありなさい。わたしはすでに世に勝ったのです」

（ヨハネの福音書16章33節）

● ● ●

◆101

時間を取って**「わたしの変わらぬ愛を思い巡らしなさい」**。**「わたしこそ、まさしく神。世々限り**

なくあなたの神だからだ。わたしはあなたをとこしえに導く」

聖霊に願って、わたしのもとで思いをめぐらすことを――あなたの思いがさまよい出すたびにわたしのもとに引き戻して――助けていただきなさい。

族長ヤコブの言葉で自分を勇気づけなさい。

「まことに主がこの所におられる」

わたしが永遠に――今日も明日も、**「世々限りなく」**、あなたの神であることを喜んで……。

わたしはまた、**「あなたの導き手」**でもある。

あなたの人生の旅路の一歩一歩をわたしが導いていることを忘れるときは、将来のことに脅かされやすい。

あなたがわたしを救い主として信頼したときからずっと、わたしの導きはあなたのすぐ手に届くところにある。

わたしは、あなたが日々の活動を行う際にますますわたしを意識するように教えている。

あなたはいつでも、ただわたしの名をささやくだけで、わたしのそばに来ることができる。

そのあと、もっと時間があるときに**「感謝をもって祈りと願いをささげなさい」**。

わたしが**「あなたをとこしえに導く」**というすばらしい確信に、心をくつろがせて……。

●

「神よ。私たちは、あなたの宮の中で、／あなたの恵み〔変わらぬ愛〕を思い巡らしました。／神よ。あなたの誉れはあなたの御名と同じく、／地の果てにまで及んでいます。／あなたの右の手は義に満ちています。／……この方こそまさしく神。／世々限りなくわれらの神であられる。／神は私たちをとこしえに導かれる」

（詩篇48篇9～10、14節）

「ヤコブは眠りからさめて、『まことに主がこの所におられるのに、私はそれを知らなかった』と言った」

（創世記28章16節）

「何も思い煩わないで、あらゆる場合に、感謝をもってささげる祈りと願いによって、あなたがたの願い事を神に知っていただきなさい。そうすれば、人のすべての考えにまさる神の平安が、あなたがたの心と思いをキリスト・イエスにあって守ってくれます」

（ピリピ人への手紙4章6～7節）

●●●

◆
102

わたしはあなたのことを、いつも心にかけている。

そのことを信じることが――あなたを悩ませている情況が改善するどころか悪化したときは、どれほど難しいか、わたしにはわかっている。まるでわたしがあなたを落ちこませてでもいるかのように――あなたが切り抜けようとしていることにまったく関心がないかのように、感じられるからだ。

あなたは、自分の現状をわたしなら一瞬のうちに変えられることを知っているので、なぜわたしがこんなにも祈りに応えないように見えるのか理解できないのだ。

それでもわたしは、繰り返そう。わたしはあなたのことをいつも心にかけている、と……。

わたしの愛に気づくようになるには、心をくつろがせて、物事を自分の思いどおりにしようとするのをやめなければならない。

自分なりの問題解決法を考え出そうとして、むなしい努力を重ねるのをやめることだ。

信頼の吐息とともに、わたしの力強い腕の中に戻っておいで……。

「自分が奮闘するのをやめて」、わたしのそばにいることをただ楽しみなさい。

あなたには理解できないことがたくさんあっても、わたしの変わらぬ愛の内に身も心も**「休ませる」**ことができる。

この愛はどんな情況にも左右されず、決してあなたから取り去られることはない。

わたしの道は謎めいて計り難いかもしれないが、わたしの愛は完全で永遠に絶えることがない。

わたしが**「あなたの救いの神」**であることを心に刻んで、**「わたしを仰ぎ見、わたしの助けを待ち望みなさい」**。

●

「ですから、あなたがたは、神の力強い御手の下にへりくだりなさい。神が、ちょうど良い時に、あなたがたを高くしてくださるためです。あなたがたの思い煩いを、いっさい神にゆだねなさい。神があなたがたのことを心配してくださるからです」　（ペテロの手紙第一5章6〜7節）

「やめよ［自分が奮闘するのをやめよ］。／わたしこそ神であることを知れ。／わたしは国々の間であがめられ、／地の上であがめられる」

（詩篇46篇10節）


「すると主は仰せられた。『わたし自身がいっしょに行って、あなたを休ませよう』」

（出エジプト記33章14節）


「しかし、私は主を仰ぎ見、／私の救いの神を待ち望む。／私の神は私の願いを聞いてくださる」

（ミカ書7章7節）

■

「あなたの希望を見るのではなく、あなたの希望の源であるキリストに目を向けるのです」

――チャールズ・スポルジョン

「主に信頼し、
主を頼みとする者に
祝福があるように。
その人は、水のほとりに植わった木のように、
流れのほとりに根を伸ばし、
暑さが来ても暑さを知らず、
葉は茂って、
日照りの年にも心配なく、
いつまでも実をみのらせる」
（エレミヤ書17章7〜8節）

■

◆
103

あなたは「患難さえも喜ぶ」ことができる。それは、「患難が忍耐を生み出し、忍耐が練られた品性を生み出し、練られた品性が希望を生み出す」と知っているからだ。

あなたに苦しみをもたらす数々の問題は、最後にはあなたの希望を強めてくれる。

といっても、それは自動的に起きるのではない。聖霊があなたを導いて苦難のときを切り抜けさせてくださるのに協力しなければならない。

「忍耐」は、今のこの時代には希少価値がある。大部分の人は手っ取り早い解決策を探し求めているからだ。

ところが、わたしへの信頼と確信によって受け入れた逆境は、長引くにしたがってキリストに似た性格を育んでいく。

これはあなたにとって、すべての問題から解放されてわたしと永遠に生きるための備えになる。また、この世においても、あなたの性格が変えられたことで、あなたもほかの人々も恵みを受ける。わたしが自分のかたちに——わたしに似せて、あなたを創ったからだ。

あなたはわたしのようになればなるほど、もっと希望を味わえるようになる。

あなたは性格を変えられて、自分が確かにわたしのものであるという確信をもつ。

このことは、あなたが直面している問題を扱うのに役立つ。あなたとわたしで一緒に対処していけるという確信を抱いて……。

そして天国の驚くべき希望が日々、あなたを照らし、あなたに力と勇気を与えてくれる。


「それればかりではなく、患難さえも喜んでいます。それは、患難が忍耐を生み出し、忍耐が練られた品性を生み出し、練られた品性が希望を生み出すと知っているからです。この希望は失望に終わることがありません。なぜなら、私たちに与えられた聖霊によって、神の愛が私たちの心に注がれているからです」

（ローマ人への手紙5章3〜5節）


「もしあなたがたがわたしを愛するなら、あなたがたはわたしの戒めを守るはずです。わたしは父にお願いします。そうすれば、父はもうひとりの助け主をあなたがたにお与えになります。その助け主がいつまでもあなたがたと、ともにおられるためにです。その方は、真理の御霊です。世はその方を受け入れることができません。世はその方を見もせず、知りもしないからです。しかし、あなたがたはその方を知っています。その方はあなたがたとともに住み、あなたがたのうちにおられるからです」

（ヨハネの福音書14章15〜17節）


「私は、私を強くしてくださる方によって、どんなことでもできるのです」

（ピリピ人への手紙4章13節）

◆
104

あなたが抱えているいくつもの問題の重荷をおろして、わたしをしっかり見つめるのに十分な時間を取りなさい。

自分が海辺に立っているところを想像してごらん。小石に覆われた浜辺に……。

小石が象徴しているのは、各々《おのおの》の問題――あなたの、あなたの家族の、友人たちの、そしてこの世界の問題だ。

これらの小さな石ころを拾い上げて、細かく調べるために目のそばにもってきたら、あなたの回りのすばらしい景色は見えなくなってしまう。

ほとんどの場合あなたは、ひとつ小石の問題をおろしたとたん、また別のひとつを拾い上げる。

そのためにあなたは、わたしのすばらしさを楽しむことも、わたしの助けを受け取ることもできない。

この海が表しているのはわたし……。永遠の輝きに満ち、ずっとあなたのそばにある。

わたしは、すべての小石をおろすようにあなたに呼びかけている。あなたがわたしの存在を感じて、わたしの「変わらぬ愛」を受け取ることができるように……。

わたしの近くに寄って、こう祈りなさい――

「イエスさま、わたしはあなたを選びます。今この瞬間に、あなたを見ることを――あなたを見いだすことを、選びます」

これを習慣になるまで繰り返すこと。この喜ばしい習慣は、「いのちの道」をゆくあなたをずっとわたしのそばにとどめてくれるから……。

「そういうわけですから、天の召しにあずかっている聖なる兄弟たち。私たちの告白する信仰の使徒であり、大祭司であるイエスのことを考えなさい」 （ヘブル人への手紙3章1節）

「主は正義と公正を愛される。／地は主の恵み〔変わらぬ愛〕に満ちている」 （詩篇33篇5節）

「信仰によって、彼〔モーセ〕は、王の怒りを恐れないで、エジプトを立ち去りました。目に見えない方を見るようにして、忍び通したからです」 （ヘブル人への手紙11章27節）

「あなたは私に、いのちの道を／知らせてくださいます。／あなたの御前には喜びが満ち、／あなたの右には、楽しみがとこしえにあります」 （詩篇16篇11節）

◆105

わたしはインマヌエル――あなたとともにいる神。わたしは豊かさそのものだ！

あなたの人生において物事が順調に運んでいるときは、わたしが十分に与えることを信頼するのはたやすい。

ところが険しい箇所にさしかかると――それも次から次へとずっと続くと、時にはわたしの与えるものが十分ではないと感じるかもしれない。

それはあなたの心がぐっとアクセルを踏み込んだとき、事態を改善する方法はないかということで頭がいっぱいになって、猛スピードで飛ばしがちなときだ。

解決策を探すのは悪いことではないが、問題解決が依存に変わる危険性がある。あなたの心はあまりにも多くの方策や可能性にふりまわされて混乱し、疲れ切ってしまう。

この精神的消耗から自分を守るには、「わたしがいつもあなたとともにいて」あなたのことを心にかけていることを、自分自身に言い聞かせる必要がある。

たとえどれほど困難なときでも、「わたしにあって喜び勇み」――わたしの豊かさを明言することは可能なのだ。

これは、あなたの中に住む聖霊に力を与えられた、人知を超えた霊的な働きであり、あなたが日々、一瞬一瞬に決断することでもある。

「あなたの救いの神にあって喜ぶ」ことを選びなさい。わたしは豊かさそのものだから!

●

「『マリヤは男の子を産みます。その名をイエスとつけなさい。この方こそ、ご自分の民をその罪から救ってくださる方です。』このすべての出来事は、主が預言者を通して言われた事が成就するためであった。『見よ、処女がみごもっている。そして男の子を産む。その名はインマヌエルと呼ばれる』(訳すと、神は私たちとともにおられる、という意味である)」

(マタイの福音書1章21～23節)

「〔行って、人々を弟子としなさい。〕また、わたしがあなたがたに命じておいたすべてのことを守るように、彼らを教えなさい。見よ。わたしは、世の終わりまで、いつも、あなたがたとともにいます」
（マタイの福音書28章20節）

「そのとき、いちじくの木は花を咲かせず、／ぶどうの木は実をみのらせず、／オリーブの木も実りがなく、／畑は食物を出さない。／羊は囲いから絶え、／牛は牛舎にいなくなる。／しかし、私は主にあって喜び勇み、／私の救いの神にあって喜ぼう」
（ハバクク書3章17〜18節）

●●●

◆106

「前に置かれている望みを捕らえて、力強い励ましを受けなさい」

天国の希望は、クリスチャンとしてのあなたの相続権である。

この輝かしい約束からあふれ出たきわめて多くの恵みが、この世におけるあなたの現在の人生へと注ぎこんでいる。

けれど、注意しなければならないのは、〝捕らえる〟という動詞が、あなたの側の努力を必要とする能動態であることだ。

使徒パウロが教えたように、あなたは「目標を目ざして一心に走って」「すでに達しているところを基準として、進むべき」だ。

そのためには、実にたくさんの恵みがあふれ出る天国の希望を堅く握りしめて、一心に努力しなければならない。

その恵みのひとつに〝励まし〟がある。「励ましを受けなさい」は受身の形だ。

あなたが無償の贈り物としてわたしから励ましを受けるのは、自分の希望をしっかり握って離さないように努力するとき――。すなわち、わたしがすでに行った（あなたのためにいのちを捨てた）こと、わたしが今行っている（「あなたのうちに生きている」）こと、そしてこれから行う（あなたを天の故郷に連れていく）ことに専心するときである。

わたしはすばらしい贈り物を惜しみなく与えることを喜んでいる。

だから愛する子よ、希望をしっかりと握りしめていなさい。そうすれば力強い励ましが受けられるからだ。

「それは、変えることのできない二つの事がらによって、――神は、これらの事がらのゆえに、偽ることができません――前に置かれている望みを捕らえるためにのがれて来た私たちが、力強い励ましを受けるためです」
（ヘブル人への手紙6章18節）
「キリスト・イエスにおいて上に召してくださる神の栄冠を得るために、目標を目ざして一心に走っているのです。ですから、成人である者はみな、このような考え方をしましょう。もし、あなたがたがどこかでこれと違った考え方をしているなら、神はそのこともあなたがたに明らかにしてくださいます。それはそれとして、私たちはすでに達しているところを基準として、進むべきです」（ピリピ人への手紙3章14～16節）
「私はキリストとともに十字架につけられまし

た。もはや私が生きているのではなく、キリストが私のうちに生きておられるのです。いま私が肉にあって生きているのは、私を愛し私のためにご自身をお捨てになった神の御子を信じる信仰によっているのです」

（ガラテヤ人への手紙2章20節）

◆107

わたしは「**あなたに高い所を歩ませ、わたしの栄光のうちに**」、わたしとともに旅をさせる。あなたはこの上り道の長い旅で、もう一歩も進めそうにないと思うかもしれない。

前方に目をやると、あなたには登れそうもない険しい崖が見える。

「**しかし、わたしは絶えずあなたとともにいて、あなたの右の手をしっかりつかまえている。わたしはあなたをさとして導き**」、「**あなたが高い所を歩む**」最善の道を見つけるのに手を貸す。

あなたの、わたしとの旅には課題が多い。忍耐力コンテストを超えた、時にはへとへとに疲れ切ってしまうほど厳しいものだ。

「**わたしがあなたとともにいる**」という事実は、どれほど急な登りをも喜びで満たす！

わたしがあなたのために用意した喜びのすべてを見落とさないように目を配り、あなたの献身的な道づれであるわたしと楽しく過ごすための時間を取りなさい。

あなたは「高い所」というのは、自分が登っている山の頂上のことだと思うかもしれない。けれど、もし足を止めてどれくらい遠くまで来たかと後ろを振り返ってみたら、自分がもうすでに高い場所にいることに気づくだろう。

だからちょっと気をゆるめて、愛をこめてわたしを見つめてごらん。わたしの栄光があなたの回りに満ち満ちている！

●

「私の主、神は、私の力。／私の足を雌鹿のようにし、／私に高い所を歩ませる」

（ハバクク書3章19節）

「しかし私は絶えずあなたとともにいました。／あなたは私の右の手を／しっかりつかまえられました。／あなたは、私をさとして導き、／後には栄光のうちに受け入れてくださいましょう」

（詩篇73篇23～24節）

「ウジヤ王が死んだ年に、私は、高くあげられた王座に座しておられる主を見た。そのすそは神殿に満ち、セラフィムがその上に立っていた。彼らはそれぞれ六つの翼があり、おのおのその二つで顔をおおい、二つで両足をおおい、二つで飛んでおり、互いに呼びかわして言っていた。／『聖なる、聖なる、聖なる、万軍の主。／その栄光は全地に満つ』」

（イザヤ書6章1～3節）

●●●

◆108

「わたしだけに安らぎを見いだしなさい。あなた

の望みはわたしから来るからだ」

あなたの心は休むことがない。あちこちに飛びはね、走り回って、ほとんどじっとしているときがない。

さあ、耳をすませてごらん。わたしがあなたに言うのが聞こえるだろう――「**わたしのところに来なさい**」と……。

わたしは、あなたの心がゆいいつ休んで憩える場所。あなたに本当の満足と力を与える。

時間を取って――時間を作り出して、あなたの思いをわたしに向けなさい。

わたしの名をささやき、聖なるわたしのもとで待ちなさい。

あなたがいるのは「**聖なる地**」。あなたの心だけでなく、あなたの魂もみずみずしく生き返らせてくれる。


真の希望はわたしから来るもの……。

偽りの希望の供給源はたくさんある。説得力のある広告もそのひとつだ。

希望に満ちた道を歩もうとするときは、見分ける力を与えてください、とわたしに願うこと。「こっちが道だよ！」と、あなたに呼びかける声が多いからだ。

だまされてはいけない。あなたに大声で呼びかけるすべての情報の分析を行う際には、「**蛇のようにさとく**」、用心深くなることを学びなさい。

山積みになった情報から逃れるには、あなたの思いをふたたびわたしに集中させること。

わたしのもとで平安に包まれて心を憩わせているうちに、真の希望があなたの中で育っていく。

●

「私のたましいは黙って、ただ神を待ち望む〔私のたましいよ。ただ神だけに安らぎを見いだせ〕。／私の望みは神から来るからだ」

（詩篇62篇5節）

「すべて、疲れた人、重荷を負っている人は、わたしのところに来なさい。わたしがあなたがたを休ませてあげます。わたしは心優しく、へりくだっているから、あなたがたもわたしのくびきを負って、わたしから学びなさい。そうすればたましいに安らぎが来ます」

（マタイの福音書11章28～29節）

「モーセは言った。『なぜ柴が燃えていかないのか、あちらへ行ってこの大いなる光景を見ることにしよう。』主は彼が横切って見に来るのをご覧になった。神は柴の中から彼を呼び、『モーセ、モーセ』と仰せられた。彼は『はい。ここにおります』と答えた。神は仰せられた。『ここに近づいてはいけない。あなたの足のくつを脱げ。あなたの立っている場所は、聖なる地である』」

（出エジプト記3章3～5節）

「わたしが、あなたがたを遣わすのは、狼の中に羊を送り出すようなものです。ですから、蛇のようにさとく、鳩のようにすなおでありなさい」

（マタイの福音書10章16節）

■

「祈りの中で次の三つのことに思いをめぐらすとき、私たちには希望と確信の、なんというすばらしい基盤が与えられていることだろう。父なる神の愛、御子の功績、そして御霊の力に……」

――トマス・マントン

「永遠の契約の血による羊の大牧者、私たちの主イエスを死者の中から導き出された平和の神が、イエス・キリストにより、御前でみこころにかなうことを私たちのうちに行い、あなたがたがみこころを行うことができるために、すべての良いことについて、あなたがたを完全な者としてくださいますように。どうか、キリストに栄光が世々限りなくありますように」

（ヘブル人への手紙13章20～21節）

■

◆

109

「わたしはあなたのために大いなることをした」。だから、あなたは喜びなさい。

たっぷり時間を取って、わたしがあなたのためにしてきたすべてのことに思いをめぐらせなさい。わたしの驚くべき業《わざ》を思い出し、わたしの優しさと偉大さを喜んで……。

親しいわたしのもとで安らぎ、わたしの「永遠の腕」の中で憩いなさい。

わたしはあなたを喜びでいっぱいにしたいと願っている。ただし、そのためにはあなたも協力しなければいけないことがある。

クリスマスの日のわがままな子どもみたいには

ならないこと。せっかちに、次から次へとすべてのプレゼントを開けていって、あげくのはてに「ねえ、もうこれでおしまいなの？」と言うようなー―。

どの日も、わたしからのかけがえのない贈り物なのだから！

この日という境界内で、わたしを「探し求めるなら、あなたは必ずわたしを見つけるだろう」。

わたしは楽しいことの中だけにいるのではなく、望まない情況の中にもいる。

わたしの喜びはどんな場合にも十分で、あなたの必要に合わせて調整している。

物事があなたの思いどおりにいっているときは、わたしの喜びはあなたの喜びをさらに強めるものとなる。

あなたが困難に出会うときは、わたしは深く果敢な喜びをあなたに与える。わたしにしがみついて助けを求めることだ。

わたしの喜びを受け取るには時間だけでなく、勇気も必要なのだよ。

●

「主は私たちのために大いなることをなされ、／私たちは喜んだ」（詩篇126篇3節）

「昔よりの神は、住む家。／永遠の腕が下に。／あなたの前から敵を追い払い、／『根絶やしにせよ』と命じた」（申命記33章27節）

「もし、あなたがたが心を尽くしてわたしを捜し求めるなら、わたしを見つけるだろう」（エレミヤ書29章13節）

「そういうわけで、あなたがたは大いに喜んでいます。いまは、しばらくの間、さまざまの試練の中で、悲しまなければならないのですが、あなたがたの信仰の試練は、火で精錬されつつなお朽ちて行く金よりも尊く、イエス・キリストの現れのときに称賛と光栄と栄誉になることがわかります。あなたがたはイエス・キリストを見たことはないけれども愛しており、いま見てはいないけれども信じており、ことばに尽くすことのできない、栄えに満ちた喜びにおどっています」

（ペテロの手紙第一1章6～8節）

◆110

「わたしの目は、わたしの変わらぬ愛に希望を置く者に注がれる」

豊かな人生を楽しむためには、希望をもつことが欠かせない。

ところが多くの人は偽りの希望におぼれて、年月がたつにつれてしだいに幻滅を感じるようになる。

だからわたしはあなたに、希望の対象をしっかり慎重に選ぶように忠告する。

最上の選択は「わたしの変わらぬ愛」だ。

あなたが初めてわたしを救い主として信じたときから、**「死も、いのちも、今あるものも、後に来るものも」**何ひとつ、**「この愛から、あなたを引き離すことはできない」**。

わたしの聖なる導きに従っているとき、あなたはわたしの平安を享受することができる。

わたしはすべての場所にいて、すべてのものを見ているが、「わたしの目は、わたしに希望を置く者に特に注がれている」。

そうした人たちはわたしにとって本当にかけがえのない存在だから、わたしは常に用心深く見守っている。

これはすべての不幸から守るという意味ではない。良いときにもつらいときにも――すべてのときにわたしがあなたのそばにいる、という恵みを与えているという意味なのだ。

だから辛抱強く、わたしの完全な愛に希望を置きつづけなさい。

いつでもわたしを見上げてごらん。わたしの目は確かにあなたを見ているから！

●

「見よ。主の目は主を恐れる者に注がれる。／その恵みを待ち望む者［変わらぬ愛に希望を置く者］に」

（詩篇33篇18節）

「私はこう確信しています。死も、いのちも、御使いも、権威ある者も、今あるものも、後に来るものも、力ある者も、高さも、深さも、そのほかのどんな被造物も、私たちの主キリスト・イエスにある神の愛から、私たちを引き離すことはできません」

（ローマ人への手紙8章38～39節）

「どうか、平和の主ご自身が、どんな場合にも、いつも、あなたがたに平和を与えてくださいますように。どうか、主があなたがたすべてと、ともにおられますように」

（テサロニケ人への手紙第二3章16節）

◆ 111

あなたはわたしの喜び！

あなたがこの恵みを受け取りかねているのはわかっている。

その土台となっているのは、わたしに従うすべての人々へのわたしの無条件の愛……。

わたしはあなたを、あなたが想像もつかないほどに愛している。だからわたしの光に包まれてほっと一息つきなさい。そして時間を取ってこの輝かしい愛にひたること。

わたしとともに安らぎ、「わたしが高らかに歌ってあなたのことを喜ぶ」のに耳を傾けなさい。

この罪に堕ちた世界で生きていくことは、常に難題だ。

あなたのまわりは壊れたものでいっぱいだ。そしてあなた自身の内も……。

一瞬一瞬、あなたは何に心を集中させるかを選択することができる。悪いことばかりを考えてしまうか、それとも「わたしの顔を慕い求めて」わたしに良しとされることを喜ぶか――。

重要な活動の最中でも、あなたはそっと短く祈ることができる。「イエスさま、わたしはあなたを慕い求めます」と……。

忘れてはいけないのは、わたしのあなたへの喜びは、十字架上でわたしが成し遂げた業《わざ》に基づいているということだ。

だから、わたしの愛を獲得しようとあくせくする罠に落ちこまないこと。

それよりも、本当のあなた――わたしの愛する子として生き、感謝の心で常にわたしのそばにいて、わたしが導くところはどこへでも進んで従いなさい。

あなたはわたしの喜びなのだから！

●

「あなたの神、主は、あなたのただ中におられる。／救いの勇士だ。／主は喜びをもってあなたのことを楽しみ、／その愛によって安らぎを与える。／主は高らかに歌ってあなたのことを喜ばれる」（ゼパニヤ書3章17節）

「あなたに代わって、私の心は申します。／『わたしの顔を、慕い求めよ』と。／主よ。あなたの御顔を私は慕い求めます」（詩篇27篇8節）

「主が御顔をあなたに照らし、／あなたを恵まれますように。／主が御顔をあなたに向け、／あなたに平安を与えられますように」（民数記6章25～26節）

● ● ●

◆ 112

「わたしに望みを託しなさい。あなたはなおもわたしをほめたたえる。わたしの救いを」

時々――気分がめいったり、心配事があるときは特に、わたしに希望を託しつづけることが難しくなる。

そんなときに大切なのは、クリスチャンにとっての希望は、単なる感情よりもはるかに重要なものであることを思い起こすことだ。

それは、わたしに対する確信――わたしがあなたの救い主である神であり、あなたを永遠の「**栄光のうちに受け入れる**」のを約束していることである。

「**わたしの救い**」は、あなたの人生にいつも変わらずあるものだ。ところがあなたは、それを常に受け入れるわけではない。

わたしはあなたに、自分の感情にかかわらずわたしを賛美することで、わたしに信頼と希望を置く訓練をさせている。

そうすれば、あなたが自然に賛美の歌を歌い出し、喜びにあふれてわたしの栄光をほめたたえる日が来る！


そしてあなたが悲しみのときにもわたしを喜ぶなら、すばらしいことが起こる。あなたのわたしへの希望と信頼の言葉は、あなたをどんな情況からも引き上げてくれるからだ。

これはあなたの足を、感謝の上り道に立たせる。その道を行くひと足ごとに、あなたの喜びは増していく。

この「**賛美のいけにえ**」をわたしは何よりも喜んでいる！


「わがたましいよ。／なぜ、おまえはうなだれているのか。／私の前で思い乱れているのか。／神を待ち望め〔神に望みを託せ〕。私はなおも神をほめたたえる。／御顔の救いを〔神の救いを〕」

（詩篇42篇5節）

「あなたは、私をさとして導き、／後には栄光のうちに受け入れてくださいましょう」

（詩篇73篇24節）

「あらゆることにおいて、自分を神のしもべとして推薦しているのです。すなわち非常な忍耐と、悩みと、苦しみと、嘆きの中で［推薦しているのです。］……悲しんでいるようでも、いつも喜んでおり、貧しいようでも、多くの人を富ませ、何も持たないようでも、すべてのものを持っています」

（コリント人への手紙第二6章4、10節）

「ですから、私たちはキリストを通して、賛美のいけにえ、すなわち御名をたたえるくちびるの果実を、神に絶えずささげようではありませんか」

（ヘブル人への手紙13章15節）

◆ 113

わたしは「やみの中に輝いている光である。やみはこれに打ち勝たなかった」。これからも闇が打ち勝つことは絶対にない！

さまざまな問題があなたに押し寄せてくるとき、わたしの光はおぼろげな思い出のように感じられるかもしれない。

もしもわたしとの距離を感じることがあったら、その時こそ、何もかもやめて、「あなたの心をわたしの前に注ぎ出しなさい」。

今の問題と今の気持ちをわたしに話す時間と場所を作り出して――。

●
●
●

わたしはあなたが重荷を背負うのを助け、あなたがこれから行く道を示そう。

あなたのまわりの世界がどれほど暗くても、わたしの光はずっと「輝き」つづけている。闇よりもはてしなく力強いからだ！

あなたはわたしの子どもだから、この光はあなたの上だけでなく、あなたの内をも照らす。

あなたは「曲がった邪悪な世代の中にある」。この暗い闇は、あなたが「世の光として輝くため」の完璧な背景となって、あなたの光をいっそう際立たせる。

時間を取ってわたしのもとに来て、わたしのまばゆいばかりの光に浸りなさい。

わたしの限りないエネルギーで力を再充電し、あなたが自分を取り巻く闇の中で大胆に輝けるようにしてあげよう。

「光はやみの中に輝いている。やみはこれに打ち勝たなかった」（ヨハネの福音書1章5節）

「民よ。どんなときにも、神に信頼せよ。／あなたがたの心を神の御前に注ぎ出せ。／神は、われらの避け所である」（詩篇62篇8節）

「すべてのことを、つぶやかず、疑わずに行いなさい。それは、あなたがたが、非難されるところのない純真な者となり、また、曲がった邪悪な世代の中にあって傷のない神の子どもとなるためです」「世の光として輝くためです」」（ピリピ人への手紙2章14～15節）

◆114

「わたしの道は、あなたの道よりも高く、わたしの思いは、あなたの思いよりも高い」

人々は常にわたしを小さくおとしめようとしている――自分たちが理解でき、予言できる神のひとりに縮小しようとする。

こうした努力が失敗したときにしばしば彼らがするのは、わたしを裁くか、わたしの存在そのものを否定してしまうことだ。

あなたもこうした葛藤を免れているわけではない。

あなたには「自分の悟りにたよる」強い傾向があり、この考え方はなかなかなくならない。

実のところ、あなたは無から何も造り出せないだけでなく、無限の知恵に満ちた「わたしの道」も理解することはできない。

わたしは自分のかたちに人間を造り、一部の人にすぐれた創造力を与えた。

といっても人間の創作はすべて、わたしのことばによってこの世界を出現させたときにわたしが創造した物質で作り出されるものだ。

わたしのあなたへの扱い方やこの世に対するやり方を受け入れるのに苦労を感じたときは、常に立ち止まって、わたしが誰であるかを思い出すこと。

あなたの心と思いをわたしの無限の知恵に従わせ、わたしをあがめなさい。あなたのために苦しみを受け、あなたのために死んだ、神秘的で至高の存在であり、聖なる神を……。

●

「主を求めよ。お会いできる間に。／近くにおられるうちに、呼び求めよ。／悪者はおのれの道を捨て、／不法者はおのれのはかりごとを捨て去れ。／主に帰れ。そうすれば、主はあわれんでくださる。／私たちの神に帰れ。豊かに赦してくださるから。／『わたしの思いは、あなたがたの思いと異なり、／わたしの道は、あなたがたの道と異なるからだ。／――主の御告げ――／天が地よりも高いように、／わたしの道は、あなたがたの道よりも高く、／わたしの思いは、あなたがたの思いよりも高い』」

（イザヤ書55章6～9節）

「心を尽くして主に拠り頼め。／自分の悟りにたよるな」

（箴言3章5節）

「神は仰せられた。『光があれ。』すると光があった。……神は仰せられた。『天の下の水が一所に集まれ。かわいた所が現れよ。』そのようになった」

（創世記1章3、9節）

■

「希望とは、良い結果になるという確信ではなく、どんな結果になろうとも意味があるという確実性なのである」

――ヴァーツラフ・ハヴェル

「……恐れおののいて自分の救いの達成に努めなさい。神は、みこころのままに、あなたがたのうちに働いて志を立てさせ、事を行わせてくださるのです。……それは、あなたがたが……

曲がった邪悪な世代の中にあって傷のない神の子どもとなり……彼らの間で世の光として輝くためです」　（ピリピ人への手紙2章12〜13、15〜16節）

■

◆115

わたしを、あなたの心のいちばん中心に置きなさい。

わたしはいつもあなたの回りにいて、常にあなたのことを気にかけている。

あなたの思いも祈りも、すべて心にとめている。

実に多くの事があなたの注意を引こうと張り合っているからといって、わたしを押し出さないようにしなさい

あなたの心をわたしに向けるのにはほとんど労力はいらない。ほかの人たちにも気づかれない。

それでも、あなたがそうすればするほど、わたしはあなたの内に――そしてあなたを通して、もっともっと完全に生きることができる。

忘れてはならないのは、わたしがあなたの人生のどの一瞬においてもそばにいて、完全な愛であなたを見守っていることだ。

実に、「わたしに信頼する者には、変わらぬ愛が、その人を取り囲んでいる」。

わたしは、あなたがわたしの愛にますます気づくように教えている。たとえ、ほかのことがあなたの注意をうるさく要求しているときでも……。

わたしが望んでいるのは、あなたの人生の不測

の事態において、安定と指針を与える変わらぬ存在となることだ。

「わたしは、きのうもきょうも、いつまでも同じ」だから、常に変化しつづけるこの世の中を進んでいくとき、あなたが道をはずれないための定点となる。

あなたがわたしに自分の思いを向け直しつづけていくなら、わたしはあなたに進むべき道を示し、**「わたしの平安を与えよう」**。

●

「私は山に向かって目を上げる。／私の助けは、どこから来るのだろうか。／私の助けは、天地を造られた主から来る。／主はあなたの足をよろけさせず、／あなたを守る方は、まどろむこともない」

（詩篇121篇1～3節）


「悪者には心の痛みが多い。／しかし、主に信頼する者には、／恵み〔変わらぬ愛〕が、その人を取り囲む」

（詩篇32篇10節）


「イエス・キリストは、きのうもきょうも、いつまでも、同じです」（ヘブル人への手紙13章8節）

「わたしは、あなたがたに平安を残します。わたしは、あなたがたにわたしの平安を与えます。わたしがあなたがたに与えるのは、世が与えるのとは違います。あなたがたは心を騒がしてはなりません。恐れてはなりません」

（ヨハネの福音書14章27節）

●●●

◆116

わたしはあなたに、苦労の最中《さなか》でも喜んで生きるように求めている。

あなたは今よりもっと自由で、もっと自立した生き方に憧れている。それで熱心に祈り、自分の求めている変化が訪れるのを期待して待っている。

望みどおりに祈りがきかれないと、あなたは時々、がっかりして落ち込んでしまうことがある。まるで見当はずれのことをしているような、自分にとっていちばん良いことを見逃しているような気分になりやすい。

そんなふうに思っているときのあなたは、もっとも重要な真実を忘れている――わたしが万物を統べ治める「神である」ことだ。

わたしはすべてを支配し、あなたのことを心にかけている。

わたしがあなたに望んでいるのは、依存した生き方をわたしからの贈り物として受け入れることだ。

しかも、この贈り物を喜びと感謝の心で、喜びにあふれて受け取ってほしい。

実際、「わたしに感謝し、わたしをほめたたえる」こと以上に、あなたを落ちこみからすばやく引き上げてくれるものはない。

わたしのもとで過ごすことをこんなにも楽しませてくれるものは、ほかにはない！「感謝しつつ、わたしの門に、賛美しつつ、その大庭に、入れ」

「神である主は力をもって来られ、／その御腕で統べ治める。／見よ。その報いは主とともにあり、／その報酬は主の前にある」

（イザヤ書40章10節）

「しかし、人よ。神に言い逆らうあなたは、いったい何ですか。形造られた者が形造った者に対して、『あなたはなぜ、私をこのようなものにしたのですか』と言えるでしょうか」

（ローマ人への手紙9章20節）

「感謝しつつ、主の門に、／賛美しつつ、その大庭に、入れ。／主に感謝し、御名をほめたたえよ。／主はいつくしみ深く／その恵みはとこしえまで、／その真実は代々に至る」

（詩篇100篇4～5節）

117

「昼には、わたしが愛を送り、夜には、わたしの歌があなたとともにある」。わたしは「あなたのいのち、神」だから――。

わが子よ、あなたの人生におけるすべてのことがわたしに託されていることを知って、元気を出しなさい。

昼は、わたしの愛に命じて、数えきれない方法であなたに「恵みを施す」！

だから、わたしがあなたの道のあちこちに置いた多くの良いものを見逃さないように――。

これらの恵みをすべて気づいて受け取れるよう

に目を開いてください、と聖霊に願いなさい。
困難なことに出合っても気落ちしないこと。それは深い罪に堕ちた世界で生きることの一部なのだ。

一晩じゅう、わたしが愛をこめてあなたを見守り、「**わたしの歌があなたとともにある**」ことを喜びなさい。

もしも眠れなかったら、その時間を使って、わたしの顔を慕い求め、わたしの平安を楽しみなさい。

あなたが「**床の上でわたしを思い出し、不安で眠れぬ夜にわたしを思う**」とき、わたしとの心うちとけた絆が育まれていく。

あなたが起きていても眠っていても、わたしはいつもあなたのそばにいる。わたしはまさしく「**あなたのいのち、神**」だから！。

「昼には、主が恵みを施し〔愛を送り〕、／夜には、その〔主の〕歌が私とともにあります。／私のいのち、神への、祈りが」（詩篇42篇8節）

「身を慎み、目をさましていなさい。あなたがたの敵である悪魔が、ほえたける獅子のように、食い尽くすべきものを捜し求めながら、歩き回っています。堅く信仰に立って、この悪魔に立ち向かいなさい。ご承知のように、世にあるあなたがたの兄弟である人々は同じ苦しみを通って来たのです」（ペテロの手紙第一5章8～9節）

「ああ、私は床の上であなたを思い出し、／夜ふけて〔不安で眠れぬ夜に〕私はあなたを思います。／あなたは私の助けでした。／御翼の陰で、私は喜び歌います。／私のたましいは、あなたにすがり、／あなたの右の手は、私をささえてくださいます」

（詩篇63篇6～8節）

●●●

◆118

わたしと一緒に、この「高い山」を進んで登りつづけなさい。

時々、あなたは自分の旅の遠い昔の頃をなつかしげに振りかえることがある。人生において、今よりも容易で、今ほど複雑ではなかったときをあなたは恋いしく想う。

それでもわたしは、それは過去のもの、ベースキャンプなのだとあなたにわかってほしい。先に待ち受けている困難な冒険に備えるための時間と場所であったのだ、と……。

あなたが今登っている山は飛びぬけて高い。頂上は雲の中に隠れている。

だから、あなたがこれまでどれくらいの高さまで登ってきたのか、そしてあとどれだけ登らなければならないかを知ることは不可能だ。

とはいえ、高く登れば登るほど、眺めは良くなっていく。

毎日が挑戦でぐったり疲れてしまうことが多くても、時間を取って、すばらしい景色を楽しもう！

わたしとのこの旅は、あなたが自分の現状を超越した天の視点から物事を見られるようにする訓練なのだ。

あなたが山を高く登れば登るほど、あなたの道はさらに険しく、難しくなっていく。けれどあなたの冒険も同様に、ますます素晴らしいものとなる。

忘れないでほしい。あなたがわたしとともに高く進めば進むほど、あなたの最終的な目的地に――天国の高みに近づくことを！

●

「それから六日たって、イエスは、ペテロとヤコブとその兄弟ヨハネだけを連れて、高い山に導いて行かれた。そして彼らの目の前で、御姿が変わり、御顔は太陽のように輝き、御衣は光のように白くなった」（マタイの福音書17章1～2節）

「私の主、神は、私の力。／私の足を雌鹿のようにし、／私に高い所を歩ませる」

（ハバクク書3章19節）

「けれども、私たちの国籍は天にあります。そこから主イエス・キリストが救い主としておいでになるのを、私たちは待ち望んでいます。キリストは、万物をご自身に従わせることのできる御力によって、私たちの卑しいからだを、ご自身の栄光のからだと同じ姿に変えてくださるのです」

（ピリピ人への手紙3章20～21節）

●●●

◆

119

「わたしは、あなたのやみを光へと変える」

「わたしは、世の光」だから、わたしはあなたの内にも、あなたの横にもいる。

日々、あなたはこの世界の――そしてあなたの心の中の闇と出会う。それでも「**わたしはすでに世に勝っている**」ことを忘れてはならない。

あなたは自分を傷つける間違ったことに心を向けることもできるし、わたしに――輝かしい勝利者に、**心を集中させることもできる**！


わたしはあなたに、わたしとともに「**平和の道**」を歩むように呼びかけている。

あなたには考えなければならないことがたくさんあり、人生において実際に責任や義務があることも、わたしは知っている。

それでもわたしは、あなたがわたしにもっともっと思いを向け、良いときだけでなくつらいときにも、わたしがそばにいることを楽しめるように教えている。

完全にそうすることはできなくても、少しずつできるようになっていく。

あなたがわたしに注意を向ければ、わたしは無敵の光で闇を押し戻す！

こうしてあなたは、「平和の道」を歩んでいく。

こうして「**わたしは、あなたのやみを光へと変えていく**」。


「**主よ**。あなたは私のともしび。／主は、私のやみを照らされます〔光へと変えられます〕」

（サムエル記第二22章29節）

「イエスはまた彼らに語って言われた。『わたしは、世の光です。わたしに従う者は、決してやみの中を歩むことがなく、いのちの光を持つのです』」

「わたしがこれらのことをあなたがたに話したのは、あなたがたがわたしにあって平安を持つためです。あなたがたは、世にあっては患難があります。しかし、勇敢でありなさい。わたしはすでに世に勝ったのです」

（ヨハネの福音書8章12節）

（ヨハネの福音書16章33節）

「あなたもまた、いと高き方の預言者と呼ばれよう。主の御前に先立って行き、その道を備え〔るためである。〕……〔イエスは〕暗黒と死の陰にすわる者たちを照らし、われらの足を平和の道に導く」

（ルカの福音書1章76、79節）

●●●

◆120

「わたしに頼り、信頼し、確信を抱きなさい」

あなたの境遇が試練の多いものになればなるほど、わたしへの信頼と確信を強め、頼る必要も大きくなる。

困難な時期には、ともするとあなたは大幅に「自分の悟りにたよって」しまいがちだ。

ところが人間のあなたの理解力では、この務めは果たせない。何度も繰り返し失敗することになる。

あなたが「わたしに確信を抱く」のは当然すぎるほど当然のことなのだ。

わたしは宇宙を創造し、維持している神であり、あなたの人生をすべての面で仕切っている。

この世界があまりにも堕落した状態なので、まるでわたしが制御していないように見えるかもしれない。

わたしは一瞬のうちに――地球を滅ぼして、わたしの子どもたちを天の故郷に連れて行くことで、すべての苦しみを終わらせることができる。

けれどそうはせずに、**「多くの子たちを栄光に導く」**のを待っている。

だからこの罪に堕ちた世界で生きていくのに、わたしの永遠の目的はあなたの苦難を通して達成されつつあることを信じて、元気を出しなさい。
あなたの**「患難」**はわたしの偉大な計画の一部であり、**「測り知れない、重い永遠の栄光をもたらすからだ」**！

「主に拠り頼め〔心を尽くして主に頼り、信頼し、確信を抱《いだ》け〕。自分の悟りにたよるな」

（箴言3章5節）


「神が多くの子たちを栄光に導くのに、彼らの救いの創始者を、多くの苦しみを通して全うされたということは、万物の存在の目的であり、また原因でもある方として、ふさわしいことであったのです」

（ヘブル人への手紙2章10節）


「今の時の軽い患難は、私たちのうちに働いて、測り知れない、重い永遠の栄光をもたらすからです」

（コリント人への手紙第二4章17節）

「十字架は待ち望む十字架…略…それは希望の象徴である。なぜなら、一方の側には神がおられ、もう一方の側にはすべての人間がいるからだ。そしてイエス・キリストは…略…そのあいだにおられて、私たちを結びつけてくださるのだ」

——デーヴィッド・ジェレマイア

「したがって、ご自分によって神に近づく人々を、完全に救うことがおできになります。キリストはいつも生きていて、彼らのために、とりなしをしておられるからです」

（ヘブル人への手紙7章25節）

◆121

「静まって、わたしこそ神であることを知りなさい」

あなたの生活は最近、騒然としている。変化と新たな責務でいっぱいだ。

わたしとふたりだけの時間を過ごすことは続けているとはいえ、心から「静まって」わたしに思いを集中するのが難しくなっている。

わたしに耳を傾ける——気を散らすものを遮断して、魂の奥底でわたしとの絆を再びつなぎあわせるための時間を取り分けておく必要がある。

わたしのもとで過ごす、この集中した時間なしには、あなたの魂は栄養失調になってしまう。

他の人は気がつかないかもしれないが、あなたにはその違いがわかるはずだ。

もちろん、わたしはあなたが気づく前から違いに気づいている。あなたの内の窮乏——わたしだけが満たせる必要を、知っている。

あなたがわたしに耳を傾けることに没頭するとき、わたしがあなたに感じている喜びを味わってほしい。

わたしが見ているあなたは、真のあなただ。輝かしい「**わたしの正義をまとった**」、わたしの愛する子……。

心を開き、両腕を広げて、わたしの喜びをたっぷり受け取りなさい。

わたしの愛の光があなたを照らしている。

この聖なる光の中に静まって、「**わたしの変わらぬ愛**」を確信して、ゆっくり休みなさい。

「やめよ〔静まって〕、／わたしこそ神であることを知れ。／わたしは国々の間であがめられ、／地の上であがめられる」（詩篇46篇10節）
「地にある聖徒たちには威厳があり、／私の喜びはすべて、彼らの中にあります」（詩篇16篇3節）
「わたしは主によって大いに楽しみ、／わたしのたましいも、わたしの神によって喜ぶ。／主がわたしに、救いの衣を着せ、／正義の外套をまとわせ、／花婿のように栄冠をかぶらせ、／花嫁のように宝玉で飾ってくださるからだ」（イザヤ書61章10節）
「あなたが贖われたこの民を、／あなたは恵み〔変わらぬ愛〕をもって導き、／御力をもって、

「聖なる御住まいに伴われた」

（出エジプト記15章13節）

◆122

「わたしはいつくしみ深く、苦難の日のとりでである。わたしに身を避ける者たちをわたしは知っている」

たとえあなたの住んでいる世界が苦難に満ちていても、わたしはあなたに確約する。わたしは完全であり、百パーセント「いつくしみ深い」ことを……。

「わたしは光であって、わたしのうちには暗いところが少しもない」

あなたがこれまでの人生でずっと切望してきた完全さを、わたしのうちに探し求めなさい。

この世界は壊れているから、あなたはずっと「とりで」を必要としている。とくに「苦難の日のとりで」を――。

あなたが傷ついているときは、力と愛にあふれたわたしのもとにかくまってあげたいとどんなに思っていることか……。

だから、つらいときにはわたしのもとに向かいなさい。わたしが誠実であることがわかるから……。

わたしの子どもの中には、困難なときにもわたしの助けを受け取れない人がたくさんいる。わたしのことを本当には信頼していないからだ。

逆境に陥ると、彼らは怒ってわたしを激しく非難するか、それでなければ自分の問題で頭がいっぱいになって、わたしがそばにいることを忘れてしまう。

わたしを信頼するのに欠かせない要素は、「**わたしはいつもあなたとともにいる**」という約束を心に刻みつけることだ。

わが子よ、わたしに信頼しなさい。わたしがあなたのことを大切に守るからだ。

●

「主はいつくしみ深く、／苦難の日のとりでである。／主に身を避ける者たちを／主は知っておられる」

（ナホム書1章7節）

「神は光であって、神のうちには暗いところが少しもない。これが、私たちがキリストから聞いて、あなたがたに伝える知らせです」

（ヨハネの手紙第一1章5節）

「恐れのある日に、私は、あなたに信頼します」

（詩篇56篇3節）

「それゆえ、あなたがたは行って、あらゆる国の人々を弟子としなさい。そして、父、子、聖霊の御名によってバプテスマを授け、また、わたしがあなたがたに命じておいたすべてのことを守るように、彼らを教えなさい。見よ。わたしは、世の終わりまで、いつも、あなたがたとともにいます」

（マタイの福音書28章19～20節）

●●●

道を見いだすのに役立つ。

「万物はわたしにあって成り立っている」

あなたの人生は、いろいろなことにあれこれ引っ張りまわされて、収拾がつかなくなってしまったように感じられることがしばしばある。

今のあなたが有する時間とエネルギーでは、あなたを招いている可能性のほんの数パーセントしか実現することはできない。

だから優先順位を決めて、いちばん重要なことを行う必要がある。

あなたがわたしとのふれあいを欠かさなければ、それを実行するのを助けよう。

わたしの導きを求めて、あなたが自分の思いと計画をわたしのもとに携えてくればくるほど、もっと効果的にあなたの進むべき道を示すことがで

◆

123

「天にあるもの、地にあるもの、見えるもの、また見えないもの、すべてわたしによって造られた」

わたしはあなたの創造主であり、救い主でもある。

あなたの呼吸する息もすべて、わたしからの贈り物……。

だから、かけがえのないいのちの贈り物をわたしに感謝することで一日を始めるのは、賢明なことだ。たとえ、その日の気分がどうであっても——。

この感謝の行為は、あなたをわたしに——あなたの生ける救い主に結びつけ、その日を歩き抜く

きる。

「**万物はわたしにあって成り立っている**」から、あなたの人生はもっとわたしをその中に置くことで、さらにゆるぎないものとなっていく！

●

「なぜなら、万物は御子にあって造られたからです。天にあるもの、地にあるもの、見えるもの、また見えないもの、王座も主権も支配も権威も、すべて御子によって造られたのです。万物は、御子によって造られ、御子のために造られたのです。御子は、万物よりも先に存在し、万物は御子にあって成り立っています」

（コロサイ人への手紙1章16〜17節）

「わたしは、あなたがたに悟りを与え、／行くべき道を教えよう。／わたしはあなたがたに目を留めて、／助言を与えよう」

（詩篇32篇8節）

「朝にあなたの恵みを聞かせてください。／私はあなたに信頼していますから。／私に行くべき道を知らせてください。／私のたましいはあなたを仰いでいますから」

（詩篇143篇8節）

●●●

◆

124

「**わたしの栄光を望んで、大いに喜びなさい**」

多くの人は〝希望〟という言葉を、そうなってほしいという願望的思考の意味に用いているが、わたしの栄光の希望は、絶対的な真理の確実さを告げ知らせている！

わたしは、わたしの子どもたちがひとり残らずわたしの栄光にあずかれることを約束してきたし、その約束を守りぬくつもりだ。

そのうえにわたしは、それを成就するために必要なすべての力——無限の力を備えている。

希望の本質とは、将来のこと、まだ実現していない事柄について言っていることだ。

だからあなたは、わたしが約束を実現するのを忍耐深く待つ必要がある。

もしも「**忍耐**」が自分の長所だとは言えなかったら、それが「**御霊の実**」であることを思い出し、わたしのもとで希望をもって待つことができるように聖霊に願いなさい。

待つことは、何か興味のあることをしたり、関心のある人と一緒にいたりしないかぎり、しばしば退屈な務めになってしまう。

わたしのもとで待つときは、宇宙を創造し維持する神とともにいられることを喜びなさい。

わたしがどんなにすばらしく創造的であるかは、あなたの想像をはるかに超え、はかり知れない。

今も、そして永遠にわたしとともにいられることのとびきりの特権を「大いに喜びなさい」！

●

「ですから、信仰によって義と認められた私たちは、私たちの主イエス・キリストによって、神との平和を持っています。またキリストによって、いま私たちの立っているこの恵みに信仰によって導き入れられた私たちは、神の栄光を望んで大いに喜んでいます」

（ローマ人への手紙5章1～2節）

「今の時のいろいろの苦しみは、将来私たちに啓示されようとしている栄光に比べれば、取るに足りないものと私は考えます」

（ローマ人への手紙8章18節）

「しかし、御霊の実は、愛、喜び、平安、寛容〔忍耐〕、親切、善意、誠実、柔和、自制です。このようなものを禁ずる律法はありません」

（ガラテヤ人への手紙5章22〜23節）

「主をおのれの喜びとせよ。／主はあなたの心の願いをかなえてくださる」

（詩篇37篇4節）

●●●

◆125

「感謝しつつ、わたしの門に、賛美しつつ、その大庭に、入りなさい」

感謝に満ちた心は「喜びに満たされた」心……。これこそ、わたしがあなたに望んでいるものだ。「感謝のいけにえをささげる」ことをおろそかにするとき、あなたの魂は苦しむ。

貧しい国で暮らすわたしの子どもたちは、物質的に豊かな富んだ国のクリスチャンよりも喜びに満たされている者が多い。

感謝して受け取らなければ、どんなにすばらしい恵みも喜びをもたらすことはできない。

わたしがあなたに訓練しているのは、明らかな恵みだけではなく、あなたが選んだのではないこと——親の言うことをきかない子どもや強情な配偶者、病気や家庭崩壊や失業といった事態においても、わたしに感謝することだ。

こうした感謝は直観的な思いには反するものだから、わたしを深く信頼して初めて可能になる。

またこれは、あなたの現状が逃げ道を求めて叫んでいるときでも、自ら進んでわたしに感謝するための自己訓練の課題でもある。

情況を改善する方法を探すことは賢明ではあっても、あなたがわたしの手やわたしのタイミングを強制することはできない。

ひたすら感謝の気持ちを抱いてわたしのもとを訪れつづけなさい。

あなたが忍耐強く感謝しつづけることで、長いあいだ待ち望んでいた鍵が実際に与えられるかもしれないからだ。その鍵を使って、わたしはあなたの人生の主要な困難を解錠する。

「わたしに感謝する」ことが、あなたの理解を超えた方法で次々に扉を開いていってくれるのだ。

●

「感謝しつつ、主の門に、／賛美しつつ、その大庭に、入れ。／主に感謝し、御名をほめたたえよ。／主はいつくしみ深く／その恵みはとこしえまで、／その真実は代々に至る」

（詩篇100篇4〜5節）


「彼らは、主の恵みと、／人の子らへの奇しいわざを主に感謝せよ。／彼らは、感謝のいけにえをささげ、／喜び叫びながら主のみわざを語れ」

（詩篇107篇21〜22節）


「あなたがたにも、今は悲しみがあるが、わたしはもう一度あなたがたに会います。そうすれば、あなたがたの心は喜びに満たされます。そして、その喜びをあなたがたから奪い去る者はわたしの愛に守られて安心感を抱くと、あなたは強められ、あなたのためにわたしが計画してきたことを行うことができる。

愛と慰めは、この上なく自然な組み合わせだ。小さな子どもが慰めを必要としているときは、優しい言葉をかけて、そっとキスしてあげるのがいちばんの特効薬……。幼い子どもたちは、そうした緊急の事態になると本能的に親のところに向かう。あなたも彼らの例から学ぶといい。

傷ついたときは、慰めを求めてわたしのところにおいで……。

わが子よ、わたしのもとで休みなさい。優しいキスを受けたように、あなたの心をよみがえらせるために……。

「わたしが高らかに歌ってあなたのことを喜ぶ」

（ヨハネの福音書16章22節）

ありません」

●●●

◆126

「わたしの変わらぬ愛をあなたの慰めとしなさい」

あなたに慰めをもたらすものは信頼できるものでなければならないが、わたしの愛は決してあなたを見捨てることはない。

わたしの慰めは常にあなたとともにある。といっても、この恵みの恩恵を十二分に受けるためには、心の底からわたしを信頼することが必要だ。

慰めはあなたへの恵みであるだけではなく、あなたに力を与えるものでもある。

のに耳を傾けなさい。

わたしの慰めのことばからたっぷりと恵みを受けるために、わたしの愛をあなたに保証する聖句を暗唱すること。

わたしが常にあなたを「**永遠の愛をもって**」愛していることを心に留めて……。

●

「どうか、あなたのしもべへのみことばのとおりに、／あなたの恵み〔変わらぬ愛〕が私の慰めとなりますように」（詩篇119篇76節）

「あなたの神、主は、あなたのただ中におられる。／救いの勇士だ。／主は喜びをもってあなたのことを楽しみ、／その愛によって安らぎを与える。／主は高らかに歌ってあなたのことを喜ばれる」（ゼパニヤ書3章17節）

「主は遠くから、私に現れた。／『永遠の愛をもって、／わたしはあなたを愛した。／それゆえ、わたしはあなたに、／誠実を尽くし続けた』」（エレミヤ書31章3節）

■

「希望という言葉は、未来時制に置かれるものです。信仰――信じることが、現在時制に置かれるように……」

――キャサリン・マーシャル

■

「主よ。今、私は何を待ち望みましょう。私の望み、それはあなたです」（詩篇39篇7節）

◆127

「わたしを仰ぎ見、あなたの救いの神であるわたしを待ち望みなさい。わたしはあなたの願いを聞く」

あなたの希望は、わたしが「あなたの救いの神」であるという岩のように強固な事実から来ている。

もしもわたしが人間である救い主に過ぎなかったら、わたしの犠牲的な人生もあなたの罪からあなたを救うことはできなかっただろう。

また、もし真の神であるわたしが人間としての贖い主になることを望まなかったら、あなたは救い主をもつことはできなかった。

けれどもわたしはあなたの救い主である神だから、あなたがわたしを待ち望むことは当然すぎるほど当然なのだ！

あなたの日々の暮らしにおいても、わたしが働いている確証を注意深く探してごらん。

待つことに疲れ切ってしまわないように……。わたしが本当に「あなたの願いを聞く」ことを確信して——。

事実、わたしはいつもあなたの祈りを聞いている。そして「御霊ご自身が、言いようもない深いうめきによって、あなたのためにとりなしてくださる」ことも——。

あなたがどんな情況に置かれていても、常にわたしがそばにいること、わたしがあなたのために働いていることを信じなさい。

わたしの穏やかさを深く吸いこんで、あなた自身をわたしの平安で満たしなさい。

そして最後に、わたしがあなたの主なる神であることに思いを馳せることで、あなたは希望を見いだす。「あなたが年をとっても、わたしは同じようにする。あなたがしらがになっても、わたしは背負う。わたしはそうしてきたのだ。なお、わたしは運ぼう。わたしは背負って、救い出そう」

●

「しかし、私は主を仰ぎ見、／私の救いの神を待ち望む。／私の神は私の願いを聞いてくださる」（ミカ書7章7節）

「御霊も同じようにして、弱い私たちを助けてくださいます。私たちは、どのように祈ったらよいかわからないのですが、御霊ご自身が、言いようもない深いうめきによって、私たちのためにとりなしてくださいます」（ローマ人への手紙8章26節）

「あなたがたが年をとっても、／わたしは同じようにする。／あなたがたがしらがになっても、／わたしは背負う。／わたしはそうしてきたのだ。／なお、わたしは運ぼう。／わたしは背負って、救い出そう」（イザヤ書46章4節）

●●●

◆128

「わたしは疲れた者には力を与え、精力のない者には活気をつける」

あなたが暮らしている世界では、弱さは哀れまれることが多い。軽蔑されることさえある。

人々は自分の身体を強くするための努力に、膨大な時間とエネルギーとお金を投じる。

また、さまざまな興奮剤を用いて、疲労感を追い払う、あるいはごまかそうとする。

それでも疲れや弱さは、罪に堕ちた世界で――そして罪に堕ちた身体で生きる現実の一部に過ぎない。


わたしはあなたを、自分の疲れと弱さをすべて携え、確信を抱いてわたしのもとに来るように招いている。

疲労についてはわたしも経験があるし、よく知っている。あなたの世界に三十三年間、暮らしていたのだから……。

あなたは、わたしに対しては警戒を解いて、自分が実際にどれほど疲れているか、認めていいのだよ。

わたしとともに過ごし、わたしの愛の光を浴びるための時間を取りなさい。

わたしは「顔をあなたの上に照り輝かせ」、あなたに恵みと「平安を与える」。

わたしとのこの時間を惜しまないこと。この時間は、あなたを心身ともに強くし、霊的に強めるために用いるからだ。

両腕をいっぱいに広げ、今この瞬間にわたしを尋ね求めなさい。喜びと平安、「わたしの変わらぬ愛」を豊かに受け取るために……。

●

「〔主は〕疲れた者には力を与え、／精力のない者には活気をつける。／若者も疲れ、たゆみ、

／若い男もつまずき倒れる。／しかし、主を待ち望む者は新しく力を得、／鷲のように翼をかって上ることができる。／走ってもたゆまず、歩いても疲れない」
（イザヤ書40章29〜31節）

「主が御顔をあなたに照らし、／あなたを恵まれますように。／主が御顔をあなたに向け、／あなたに平安を与えられますように」
（民数記６章25〜26節）

「御顔をあなたのしもべの上に／照り輝かせてください。／あなたの恵み〔変わらぬ愛〕によって私をお救いください」
（詩篇31篇16節）

●●●

◆129

「わたしはアルファであり、オメガである。初めであり、終わりである。神である主、今いまし、昔いまし、後に来る者、万物の支配者である」

あなたが住んでいるこの地球はあまりにも混乱し切っていて、あなたは時々、打ちのめされる思いになる。

テレビのニュースを見るだけで不安に襲われる。世界の情勢や経済状態は収拾のつかないほど、ますます混乱の度合いを増しているように見える。

だからこそ、わたしを中心に置き、わたしが「初めであり、終わりである」神だということを考えることがきわめて重要なのだ。

この地球の創造主であるわたしは、時間を超越している。この世界の物語の始まり同様、その結末も知っている。

わたしはすべてのことがどのように変わっていくかを知っているだけではない。絶対的な主権者である。「**万物の支配者**」であり、何ものもわたしの支配を逃れることはできない。

あなたが人生の難題に直面して無力感を感じれば感じるほど、無限の力をもつわたしに信頼することで得られる安心感はさらに強まっていく。

また、わたしがあわれみ深いことも忘れないように――。わたしは「**自分の民を慰め、その悩める者をあわれむ主なる神だからだ**」。

わたしは力強く、しかもあわれみ深いから、あなたは自分の苦難を超越することができる。

だからあなたには「**喜び歌う**」十分な理由がある。時には、「**喜びの歌声をあげる**」ほどに！

「神である主、今いまし、昔いまし、後に来られる方、万物の支配者がこう言われる。『わたしはアルファであり、オメガである。〔初めであり、終わりである〕』」（ヨハネの黙示録1章8節）

「いと高き方の隠れ場に住む者は、／全能者の陰に宿る。／私は主に申し上げよう。／『わが避け所、わがとりで、私の信頼するわが神』と」（詩篇91篇1～2節）

「天よ。喜び歌え。地よ。楽しめ。／山々よ。喜びの歌声をあげよ。／主がご自分の民を慰め、／その悩める者をあわれまれるからだ」（イザヤ書49章13節）

◆130

「わたしはあなたの願うところ、思うところのすべてを越えて豊かに施すことができる」

だから、祈るときは大きなことを考えなさい。といっても、わたしのほうが常にもっと大きく考えていることを忘れないように！

わたしはずっとあなたの人生に働きつづけている。あなたの目には何事も起こらないように見えるときでも――。

あなたは、自分が変えたいと思っている情況で行き詰まりやすい。今の瞬間しか見えていないからだ。

ところがわたしは、その全体像を――あなたの人生のすべての瞬間を見ている。そしてあなたが想像できる以上のことを行っている。

この日を過ごすのに、わたしとのふれあいをとぎらせないように努めなさい。

どんなことでもわたしに話しなさい。わたしはあなたのことを完璧にわかっているから……。

わたしとのふれあいを保ついちばん簡単な方法は、一日をわたしとともに――賛美と「願い事」をわたしのもとに携えてきて、始めることだ。

それからその日の活動に取りかかれば、より自然にわたしと語りつづけることができる。

わたしとふれあうのが遅くなればなるほど、そのための努力が必要になってくる。

だから、その日の活動に深入りするまえに、早めにわたしのもとに来ること。

　このために時間をさくことができない、と思うかもしれないが、あなたひとりで物事に対処しているのではないことを忘れないように。

　あなたが共に労しているのは、「**あなたの願うところ、思うところのすべてを越えて**」行うことのできる神なのだから……。


「どうか、私たちのうちに働く力によって、私たちの願うところ、思うところのすべてを越えて豊かに施すことのできる方に……」

（エペソ人への手紙3章20節）


「主は、王であられ、みいつをまとっておられます。／主はまとっておられます。／力を身に帯びておられます。／まことに、世界は堅く建てられ、／揺らぐことはありません。／あなたの御座は、いにしえから堅く立ち、／あなたは、とこしえからおられます」（詩篇93篇1〜2節）

「主よ。朝明けに、私の声を聞いてください。／朝明けに、私はあなたのために備えをし、／見張りをいたします［あなたの御前に願い事をささげ、期待して待ちましょう］」

（詩篇5篇3節）

◆131

希望と勇気は対《つい》になっている。

祈りが聞かれて願いがかなうのを、待って待って待ちつづけるとき、わたしに希望を置きつづけるには勇気がいる。

この世も人間の劣欲も悪魔も、こぞってあなたに告げる――あきらめるのは簡単だ、鈍い失望に屈するがいい、と……。

ある意味でこれは事実だ。

ポジティブな期待をもって祈りつづけることは、多大な努力と忍耐を要する。あきらめることのほうが、その瞬間はたやすい。

ところが、あきらめの姿勢は長い目でみると必ず害になる。

それはしばしば、醒《さ》めた皮肉な見方につながり、あげくのはてには絶望に行き着く。

だからずっと希望をもちつづけることは、努力する価値が大いにあることなのだ。


courage（勇気）は、〝心〟という意味のフランス語から来ている。

わたしはあなたの心の中に住んでいるのだから、あなたは「勇気ある生き方が――逆境や危険に、確信をもって断固として立ち向かうことができるように助けてください」とわたしに求めることができる。

わたしはあなたの現状を良くわかっているし、あなたがそれに対処するのに喜んで手を貸そう。だから愛する子よ、わたしの力に堅く立って、屈服したり断念したりすることをきっぱりと拒みなさい。

わたしは常にあなたに喜びを感じているとはいえ、あなたが勇敢に「わたしの堅固な愛に希望を置く」ときはとりわけ嬉しく思っているからだ。

「強くあれ。雄々しくあれ。彼らを恐れてはならない。おののいてはならない。あなたの神、主ご自身が、あなたとともに進まれるからだ。主はあなたを見放さず、あなたを見捨てない」

（申命記31章6節）

「また、あなたがたの心の目がはっきり見えるようになって、神の召しによって与えられる望みがどのようなものか、聖徒の受け継ぐものがどのように栄光に富んだものか、また、神の全能の力の働きによって私たち信じる者に働く神のすぐれた力がどのように偉大なものであるかを、あなたがたが知ることができますように」

（エペソ人への手紙1章18～19節）

「主を恐れる者と／御恵みを待ち望む〔主の堅固な愛に希望を置く〕者とを主は好まれる」

（詩篇147篇11節）

◆132

あなたは「わたしの目には聖く、傷のない者」である――このことばを、あなたの心と思いと精神とに浸透させなさい。

　この驚くべき真実は、信じがたいと思うかもしれない。それは、あなたの毎日がわたしの聖なる基準に達していないからなのだ。

　確かに、あなた自身は「聖く、傷のない者」ではないし、この人生において罪のない者となることは決してない。

それでも**「わたしの目には」**、あなたはまぶしいほどに義なる者だ。

わたしを救い主として信頼するとき、あなたは自分の罪をすべて——過去も現在も未来のものも、わたしにゆだねる。そしてわたしは、わたしの完全な義をあなたに与える。

この交換は永続的で、わたしの王家の一員としてのあなたの身分を永遠に保証するものだ。

これはわたしにとって、もっとも犠牲の大きな取り引きだった。

あなたの**「贖い、罪の赦し」**は、**「わたしの血によって」**成就された。わたしの血がおびただしく流されたのは、わたしがあなたを愛しているからだ。

あなたへの、この広大な海のような愛の**「広さ、長さ、高さ、深さがどれほどであるか」**に想いを馳せなさい。

わたしのもとで——わたしに心を開いて、時を過ごせば、あなたはもっともっと**「この人知をはるかに越えた愛」**を得ることができる！

「すなわち、神は私たちを世界の基の置かれる前から彼にあって選び、御前で［神の目には］聖く、傷のない者にしようとされました」
（エペソ人への手紙1章4節）

「この方にあって私たちは、その血による贖い、罪の赦しを受けています。これは神の豊かな恵みによることです」（エペソ人への手紙1章7節）

「どうか父が、その栄光の豊かさに従い、御霊により、力をもって、あなたがたの内なる人を強くしてくださいますように。こうしてキリストが、あなたがたの信仰によって、あなたがたの心のうちに住んでいてくださいますように。また、愛に根ざし、愛に基礎を置いているあなたがたが、すべての聖徒とともに、その広さ、長さ、高さ、深さがどれほどであるかを理解する力を持つようになり、人知をはるかに越えたキリストの愛を知ることができますように。こうして、神ご自身の満ち満ちたさまにまで、あなたがたが満たされますように」

（エペソ人への手紙3章16～19節）

■

「聖書のどの頁にも、希望を抱く根拠を私たちに与えてくれる神のみことばがあふれている…略…神の約束に、私は霊感《インスピレーション》と新たな希望とを見いだすのである」

――チャールズ・A・アレン

「その栄光と徳によって、尊い、すばらしい約束が私たちに与えられました。それは、あなたがたが、その約束のゆえに、世にある欲のもたらす滅びを免れ、神のご性質にあずかる者となるためです」

（ペテロの手紙第二1章4節）

■

◆

133

「わたしは真実な神だから、動揺しないで、しっかりと希望を告白しなさい」

時々——多くのことがうまくいかないときはとくに——あなたにできるのは、わたしにしっかりとつかまっているだけのことがある。

あなたは心の中で物事を整理して、前へ進む道を見つけたがっているが、それは不可能なことが多い。

そんなときにいちばんいいのは、「わたしの顔を慕い求め」、あなたの「希望を告白する」ことだ。

希望を告白することは、それを公然と表明すること。

あなたの言葉は重要だ！　ほかの人々だけでなく、あなたにも大きな変化をもたらす。あなたの心と身体の満足度に、強い影響をもたらすのだ。

ネガティブな言葉はあなたを心身ともに弱らせる。

ところが、わたしに託した希望と信頼を明確に表すとき、あなたは確信をもって前進する力を得ることができる。

この確信の基盤は「わたしが真実な者である」ことだ。

さらにわたしは、「あなたを、耐えられないほどの試練に会わせることはしない」。

時には、わたしが備える「脱出の道」は、あなた自身の言葉によることもある——「イエスさま、あなたを信じておゆだねします。わたしの希望をあなたに託します」のように……。

こうしてはっきりと言葉で表すことで、あなたは「動揺しないで」わたしの希望につかまっていることができる。いつまでも「しっかりと」その手を離さずに……。

●

「約束された方は真実な方ですから、私たちは動揺しないで、しっかりと希望を告白しようではありませんか」（ヘブル人への手紙10章23節）

「聞いてください。主よ。私の呼ぶこの声を。／私をあわれみ、私に答えてください。／あなたに代わって、私の心は申します。／『わたしの顔を、慕い求めよ』と。／主よ。あなたの御顔を私は慕い求めます」（詩篇27篇7～8節）

「あなたがたの会った試練はみな人の知らないものではありません。神は真実な方ですから、あなたがたを、耐えられないほどの試練に会わせることはなさいません。むしろ、耐えられるように、試練とともに脱出の道も備えてくださいます」（コリント人への手紙第一10章13節）

●●●

◆

134

「わたしが来たのは、あなたがいのちを得、またそれを豊かに持つためである」

わたしが人間として地上に生まれたおもな目的は、あなたに永遠のいのちを確保することだった。けれどわたしは、あなたがさらに今日という日を——そして人生すべての日々を、豊かに生きることを願っている。

そのためにはあなたは、自分が誰であり、誰のものか、ということを心に刻みつけておく必要がある。

あなたは、この宇宙を創造し支えているわたしのもの……。そしてわたしの王家の養子として迎え入れられた、わたしの愛する子である。

養子縁組は永遠の契約……。わたしはあなたを自分の使用人として雇い入れたのではない。わたしの家族の永久不変の一員としたのだ。

それでも、これらの事実に慣れっこになって、日々を何もせずにぼうっと過ごさないことだ。あなたの誠実な導き手であるわたしは、あなたの想像もつかないほど活動的で、活力に満ちている！

わたしのそばにいると、わたしのいのちの一部があなたを研いで磨きをかける。あなたがもっと十分に生きられるように、心を目覚めさせる。

そのおかげであなたは、自分がわたしとの冒険の旅にいるのが見えるようになる。そこは、あなたが大きな変化を及ぼし、あなたの選択が世界に重要な影響を与える場所なのだ。

そして**「あなたの神であるわたしが、あなたをとこしえに導いていく」**。

●

「そこで、イエスはまた言われた。『まことに、まことに、あなたがたに告げます。わたしは羊の門です。わたしの前に来た者はみな、盗人で強盗です。羊は彼らの言うことを聞かなかったのです。わたしは門です。だれでも、わたしを通って入るなら、救われます。また安らかに出入りし、牧草を見つけます。盗人が来るのは、ただ盗んだり、殺したり、滅ぼしたりするだけのためです。わたしが来たのは、羊がいのちを得、またそれを豊かに持つためです』」
（ヨハネの福音書10章7〜10節）

「私たちが神の子どもであることは、御霊ご自身が、私たちの霊とともに、あかししてくださいます」
（ローマ人への手紙8章16節）

「この方こそまさしく神。／世々限りなくわれらの神であられる。／神は私たちをとこしえに導かれる」
（詩篇48篇14節）

●●●

◆135

「今の時の軽い患難は、あなたのうちに働いて、測り知れない、重い永遠の栄光をもたらす」

使徒パウロの使っている〝軽い〟というギリシア語には、〝重くない、ささいなこと〟という意味がある。

ところがパウロは、とてつもなくひどい苦しみを耐え抜いた。投獄され、「むちで打たれ、石で打たれた」——「三十九のむちを受けたことが五度、むちで打たれたことが三度」。「難船したことが三度あり、一昼夜、海上を漂ったこともある」。「しばしば飢え渇き、寒さに凍えた」

それでもパウロは、この大きな苦難を〝重くない、ささいなこと〟と考えた。これらを「永遠の栄光」と比べたからだ。

わたしが今あなたに教えているのは、自分の問題をこのように——永遠の視点から見られるようにすることなのだ。

わたしはあなたの人生において、何ひとつ無駄にはしない。あなたの苦しみも含めて……。

わたしはそれを用いて、今この場で大切な訓練を行っている。

けれどそれだけではない。あなたの苦難によって、天の領域においても達成されることがある。天国で「もたらされる永遠の栄光」という報償を、あなたが受け取る助けとなるからだ。

といっても、これが実現するためには、あなたの人生の逆境にうまく対処する必要がある。何があってもわたしに信頼して……。

苦難に押しつぶされそうになったときは、それを「測り知れない、永遠の栄光をもたらす」つかのまの〝重くない、ささいなこと〟と見るように心がけなさい！


「今の時の軽い患難は、私たちのうちに働いて、測り知れない、重い永遠の栄光をもたらすからです」

（コリント人への手紙第二4章17節）

「ユダヤ人から三十九のむちを受けたことが五度、むちで打たれたことが三度、石で打たれたことが一度、難船したことが三度あり、一昼夜、海上を漂ったこともあります。幾度も旅をし、川の難、盗賊の難、同国民から受ける難、異邦人から受ける難、都市の難、荒野の難、海上の難、にせ兄弟の難に会い、労し苦しみ、たびたび眠られぬ夜を過ごし、飢え渇き、しばしば食べ物もなく、寒さに凍え、裸でいたこともありました」

（コリント人への手紙第二11章24〜27節）

◆ 136

あなたの人生における優先事項を、わたしの意図によって決めなさい。

あなたは自分がしたいと思うことを、何もかも全部することはできない。また、ほかの人々があなたにしてほしいと望むことも、すべてはできない。

優先順位を設けることは、することとしないことをきちんと決めるのに役立つ。

あなたの時間もエネルギーも限りがあるから、自分がやりたいと思っていることや、やらなければならないと感じていることの、ほんの数パーセントしか成し遂げられないかもしれない。

だから、前途の可能性に目を向ける際には「わたしの顔」とわたしの意志とを「尋ね求めなさい」。

何がもっとも重要かを決定するには、聖書に基づく指針や約束を助けにしよう。

こんなふうに計画的になることは、あなたの時間とエネルギーを最大限に活用するのに役立つ。

また、今やっていないすべてのことに関して、不安や罪悪感を抱いたりすることからも守ってくれる。

何かをうまく行うためには、それ以外の、やろうと思えばできるがやらない多くのことに平静でいる必要がある。

わたしの意図に従って優先事項を決める場合、あなたは肩の力を抜いて、わたしが重要だとみなすものを成し遂げることに専念できる。

ほかの誰よりもわたしを喜ばせようと努めるなら、あなたはわたしが「造り上げた作品」――最高傑作へと、さらに成長していくはずだ。

●

「主とその御力を尋ね求めよ。／絶えず御顔を慕い求めよ」

（詩篇105篇4節）


「あなたのみことばは、／私の上あごに、なんと甘いことでしょう。／蜜よりも私の口に甘いのです。／私には、あなたの戒めがあるので、／わきまえがあります。／それゆえ、私は偽りの道をことごとく憎みます。／あなたのみことばは、私の足のともしび、／私の道の光です」

（詩篇119篇103〜105節）


「私たちは神の作品であって、良い行いをするためにキリスト・イエスにあって造られたのです。神は、私たちが良い行いに歩むように、その良い行いをもあらかじめ備えてくださったのです」

（エペソ人への手紙2章10節）

●●●

◆

137

「わたしはあなたを広い所に連れ出し、あなたを助け出した。わたしがあなたを喜びとしたからだ」

たとえどんな情況に置かれても、わたしに属しているかぎり、あなたは救いの「広い所」にいる。

現状に閉じ込められてしまったような気がするかもしれないが、あなたの救いはますます大きくなっていく贈り物なのだよ。

聖霊はあなたの内に住み、あなたを聖別する――もっとわたしに似た者とするために、常に働いておられる。

これはあなたの内なる成長であり、わたしがあなたを「**栄光のうちに**」天の家に迎えるまで続く。


天国はすばらしく「**広い所**」だ。そこでは、あなたはもう決して閉塞感や挫折感を抱くことはない。

わたしは、「**わたしの民の目の涙をすっかりぬぐい取る**」。そこには「**もはや死もなく、悲しみ、叫び、苦しみもない**」。

天国ではすべてのことが、すべての人が完全なものとなる。

海のように限りないわたしの愛があなたに打ち寄せ、あふれるばかりにあなたを満たす。

ついにあなたは、わたしを――そしてほかの人たちを、罪に汚れていない完全な愛で愛せるようになる。

この天上の経験は、ますます大きくなっていく喜びとして永遠に、広がりつづけていく！


「主は、私を広い所に連れ出し、私を助け出された。／主が私を喜びとされたから」

（サムエル記第二22章20節）

「あなたは、私をさとして導き、／後には栄光のうちに受け入れてくださいましょう」

（詩篇73篇24節）

「そのとき私は、御座から出る大きな声がこう言うのを聞いた。『見よ。神の幕屋が人とともににある。神は彼らとともに住み、彼らはその民となる。また、神ご自身が彼らとともにおられて、彼らの目の涙をすっかりぬぐい取ってくださる。もはや死もなく、悲しみ、叫び、苦しみもない。なぜなら、以前のものが、もはや過ぎ去ったからである』」（ヨハネの黙示録21章3〜4節）

●●●

◆138

「わたしはあなたの救いの神、あなたを導き、教える。それゆえ、わたしを一日中待ち望みなさい」

わたしはあなたを、「わたしの真理」に基づいて導いている。そしてあなたのために備えた道をあなたがたどるのに、大切な訓練をしている。

わたしはあなたの「救いの神」だから、あなたが障害物に立ち向かうのを助けることができる。

あなたの遭遇する苦難は、それによってあなたがもっと深くわたしに頼るようになるとき、恵みに変わることすらある。

大切なのは「わたしを一日中待ち望む」ことだ。時々であれば、わたしに信頼し、確信するのはたやすい。あなたが十分に休めて、物事が順調に運んでいるときなら――。

ところが、きりきり舞いするほど忙しかったり、嫌なことがあったりすると、あなたはしばしば自分の希望の対象であるわたしを忘れてしまう。

それでもこうしたときこそ、あなたがわたしをいちばん必要とするときなのだ！

だから、あなたの目を「一日中」わたしに向けつづけることを目標にしなさい。

これを完全に行うことはできなくても、あなたの思いに焦点を与える、価値ある目標となるのは確かだ。

そのおかげであなたは、わたしが道づれとなってともに「いのちの道」を歩むのを楽しむことができるのだから……。


「あなたの真理のうちに私を導き、／私を教えてください。／あなたこそ、私の救いの神、／私は、あなたを一日中待ち望んでいるのです」

（詩篇25篇5節）


「私の兄弟たち。さまざまな試練に会うときは、それをこの上もない喜びと思いなさい」

（ヤコブの手紙1章2節）


「私はいつも、私の前に主を置いた。／主が私の右におられるので、／私はゆるぐことがない。それゆえ、私の心は喜び、／私のたましいは楽しんでいる。／私の身もまた安らかに住まおう。／……あなたは私に、いのちの道を／知らせてくださいます。／あなたの御前には喜びが満ち、／あなたの右には、／楽しみがとこしえにあります」

（詩篇16篇8～9、11節）


「未来は、神の御約束のごとくに輝けり」

——アドニラム・ジャドソン

「義人の道は、あけぼのの光のようだ。

いよいよ輝きを増して真昼となる」（箴言4章18節）

■

◆139

「あなたの思い煩いを、いっさいわたしにゆだねなさい」。「わたしがあなたを守っている」からだ。わたしは実に優秀な捕手《キャッチャー》だから、「あなたの思い煩い」——不安や気がかりの球《ボール》を、思い切りわたしに投げなさい。

こうした心配ごとを手放したとたん、あなたはほっとひと息ついて、愛に満ちたわたしのもとで元気を回復することができる。

これは日々何度やってもかまわない。時には夜中でもいい。

わたしはずっと眠らずにいて、あなたの思い煩いを受け止め、あなたの重荷をになう用意ができているからだ。

わたしには限りない力があるから、あなたの重荷もまったく苦にはならない。

それどころか、このキャッチボールをとても楽しんでいる。あなたの荷が軽くなっていき、あなたの顔が輝きを増していくのが見えるからだ。

どんなにたくさん思い煩いのボールを投げても、わたしは決してはずすことはない！

だからあなたの悩みごとに、決して押しつぶされないようにしなさい。

わたしがあなたのそばにいること——あなたが

どんなことに直面しようといつでも助ける用意ができていることを忘れてはいけないよ。

自分の問題をいつまでもぐずぐず考えていないで気を楽にして、わたしに向かって言いなさい——「さあ、投げますよ、イエスさま！」

そしてあなたの思い煩いのボールを、待ちかまえているわたしの強い手めがけて投げこんでごらん！

●

「あなたがたの思い煩いを、いっさい神にゆだねなさい。神があなたがたのことを心配してくださるからです」（ペテロの手紙第一5章7節）
「神よ。私を探り、私の心を知ってください。／私を調べ、私の思い煩いを知ってください」（詩篇139篇23節）

「主は、あなたを守る方。／主は、あなたの右の手をおおう陰。／昼も、日が、あなたを打つことがなく、／夜も、月が、あなたを打つことはない。／主は、すべてのわざわいから、あなたを守り、／あなたのいのちを守られる。／主は、あなたを、行くにも帰るにも、／今よりとこしえまでも守られる」（詩篇121篇5〜8節）
「ほむべきかな。日々、私たちのために、／重荷をになわれる主」（詩篇68篇19節）

●●●

◆
140

時々あなたは、この世を旅していてうんざりしてしまうことがある。

まるで鉛でも入った服を着て、重い足をひきずって坂を上《のぼ》っていくような気分になって、もう一歩も踏み出したくなくなる。

そんなときあなたに必要なのは、足を止めて、自分の思いを再びわたしに集中させることだ。

わたしはあなたの常に変わらぬ道連れであり、あなたが次の一歩を――さらにまた次の一歩を、踏み出すのを助けようとしていることを、思い出しなさい。

あなたは一度に一歩進むだけでいいのだから！

憂鬱そうに未来に目をやって、先に待ち受ける旅を恐れるよりも、現在とあなたの道連れであるわたしに心を向けなさい。

わたしとともにいのちの道を歩みながら、天国の希望のまばゆい光をあびなさい。その光が、あなたの視界を実に感動的に照らし出してくれる。たとえ前方の道が険しく困難なものであっても、あなたの旅の終点は息を呑むほど――言葉に尽くせないほど、素晴らしい！

そして一瞬ごとに、あなたは天の故郷に近づいている。

あなたが信仰をもって――わたしが十字架上で成し遂げた業《わざ》を確信して、わたしを見上げるとき、天国の希望の光があなたを照らし、あなたの道の足元を明るく輝かせる。

●

「すべて、疲れた人、重荷を負っている人は、わたしのところに来なさい。わたしがあなたがたを休ませてあげます」（マタイの福音書11章28節）
「私たちは、この望みによって救われているのです。目に見える望みは、望みではありません。だれでも目で見ていることを、どうしてさらに望むでしょう。もしまだ見ていないものを望んでいるのなら、私たちは、忍耐をもって熱心に待ちます」

（ローマ人への手紙8章24～25節）

「主は私を、すべての悪のわざから助け出し、天の御国に救い入れてくださいます。主に、御栄えがとこしえにありますように」

（テモテへの手紙第二4章18節）

「幸いなことよ、喜びの叫びを知る民は。／主よ。彼らは、あなたの御顔の光の中を歩みます」

（詩篇89篇15節）

●●●

◆141

わたしのやり方は時として、とても謎めいていることがある。わたしのことを親しく知っている人にとってさえ、そうなのだ。

わたしに従う人々にとって、良い行いをすることで自分の境遇を思いどおりにしようとするのは、心をそそられることだ。

彼らは、それが自分たちの言動の動機となっていることすら気づいていないのだろう。ところが周囲の情況が——時には悲劇的な形で、崩れ落ちると、まるでわたしに裏切られたように感じるかもしれない。

あなたは自分の世界観に謎めいた「**奥義**」の余

地を残し、自分の理解と知識の限界を受け入れなくてはならない。

わたしを予測することも、支配することも絶対にできないが、わたしを信頼することはできる。

あなたやあなたの愛する人たちが不運に見舞われたら、ヨブのこの言葉を思い出しなさい——「主は与え、主は取られる。主の御名はほむべきかな」


ヨブは耐えがたいほど苦しい試練のあいだ、何度かくじけそうになったものの、最後にはこう告白した——「まことに、私は、自分で悟りえないことを告げました。自分でも知りえない不思議を」

同じようにあなたも、自分には理解できない事柄を「神の奥義」として見るようにしなさい。


「自分でも知りえない不思議」として……。

●

「確かに偉大なのはこの敬虔の奥義です。『キリストは肉において現れ、霊において義と宣言され、御使いたちに見られ、諸国民の間に宣べ伝えられ、世界中で信じられ、栄光のうちに上げられた』」

（テモテへの手紙第一3章16節）

「このとき、ヨブは立ち上がり、その上着を引き裂き、頭をそり、地にひれ伏して礼拝し、そして言った。／『私は裸で母の胎から出て来た。／また、裸で私はかしこに帰ろう。／主は与え、主は取られる。／主の御名はほむべきかな。』／ヨブはこのようになっても罪を犯さず、神に愚痴をこぼさなかった」

（ヨブ記1章20〜22節）

「知識もなくて、摂理をおおい隠す者は、だれか。／まことに、私は、／自分で悟りえないことを告げました。／自分でも知りえない不思議を」
（ヨブ記42章3節）

◆142

わたしは「かすかな細い声」の祈りのように「近くにいて」、あなたのどんな小さなつぶやきにも注意深く耳を傾けている。

恋人たちはお互いのそばにいることを好む。たいていはできるだけ近くに——。

しばしば彼らは、愛の言葉をささやき合う。ほかの誰にも聞き取れない言葉を……。

愛のささやきをともなう、このような近さは、わたしとの関係においていつでもあなたが手に入れられるものだ。

「わたしを呼び求める者すべてに、わたしは近くある」。たとえ、あなたがどんなにかすかな声で呼びかけても……。

この約束は「まことをもってわたしを呼び求める者すべてに」対するもの——わたしが「真理」であることを知っている人々へのものだ。

もちろんわたしは、声を出さない祈りにも応えるが、小さくても声を出して祈ることで、あなたはわたしにもっと近くなるように感じられるはずだ。

どんなにかすかでも自分の声を聞くことは、わたしとの絆をさらに強めてくれる。

そして、目には見えないわたしの存在をもっと意識させ、愛をこめてあなたを迎えるわたしのもとに、さらに近づかせてくれる。

　わたしの子どもたちにわたしが声を出して語りかけることはめったにないが、それでもあなたは心の中で、わたしの**「かすかな細い声」**を聞くことができる。

　ほら、わたしが語りかけるのが聞こえるだろう──わたしはあなたとともにいる。あなたを愛している。わたしは決して**「あなたを見放さず、あなたを見捨てない」**。

●

「**主**を呼び求める者すべて、／まことをもって**主**を呼び求める者すべてに／**主**は近くあられる」（詩篇145篇18節）

「イエスは彼［トマス］に言われた。『わたしが道であり、真理であり、いのちなのです。わたしを通してでなければ、だれひとり父のみもとに来ることはありません』」（ヨハネの福音書14章6節）

「あなたの一生の間、だれひとりとしてあなたの前に立ちはだかる者はいない。わたしは、モーセとともにいたように、あなたとともにいよう。わたしはあなたを見放さず、あなたを見捨てない」（ヨシュア記1章5節）

「**主**は仰せられた。『外に出て、山の上で**主**の前に立て。』すると、そのとき、**主**が通り過ぎられ、**主**の前で、激しい大風が山々を裂き、岩々を砕いた。しかし、風の中に**主**はおられなかった。風のあとに地震が起こったが、地震の中にも**主**はおられなかった。地震のあとに火があったが、火の中にも**主**はおられなかった。火のあとに、かすかな細い声があった」
（列王記第一19章11〜12節）

●●●

◆143

わたしに、あなたの思いをもっともっと向けなさい。

難しい仕事に挑戦しているときは、あなたはたびたびわたしの顔とわたしの助けを「慕い求める」傾向がある。

このことはわたしを喜ばせ、あなたが行っている仕事を向上させる。

そこには喜ばしいリズムがある。あなたはわたしと向き合って耳を傾け、それから聖霊の助けを得て行動する。

これが何度も何度も繰り返される。あなたとわたしは、共同でその仕事を行っているからだ。

わたしに注意を向けつづけるにはそのための努力がいるが、こうやって協力して物事にあたれば、あなたが疲れ切ってしまうことはない。

わたしはあなたに、自分の人生をもっともっとこんなふうに生きていくように勧める。

目の前の課題がそれほど大変でないときは、あなたはわたしにあまり心を向けなくなりがちだ。

いつのまにか何も考えなくなって、しばらくわたしのことを失念してしまうことすらあるかもしれない。

自分が交戦中の世界に住んでいることも忘れてしまう。敵は決して休んだりすることはないのに

――。

だからこそ使徒パウロはクリスチャンに、「絶えず目をさましていて、祈りなさい」と警告しているのだ。

わたしに思いを向ければ向けるほど、あなたは自分が生き生きしてくるのを感じるだろう。

この祈りの特権は、強いられた日々の務めではない。喜びをもたらす命綱なのだから！

●

「主の聖なる名を誇りとせよ。／主を慕い求める者の心を喜ばせよ」

（詩篇105篇3節）

「わたしの羊はわたしの声を聞き分けます。またわたしは彼らを知っています。そして彼らはわたしについて来ます。わたしは彼らに永遠のいのちを与えます。彼らは決して滅びることがなく、また、だれもわたしの手から彼らを奪い去るようなことはありません」

（ヨハネの福音書10章27～28節）

「そのとき雲がわき起こってその人々をおおい、雲の中から、『これは、わたしの愛する子である。彼の言うことを聞きなさい』と言う声がした。彼らが急いであたりを見回すと、自分たちといっしょにいるのはイエスだけで、そこにはもはやだれも見えなかった」

（マルコの福音書9章7～8節）

「すべての祈りと願いを用いて、どんなときにも御霊によって祈りなさい。そのためには絶えず目をさましていて、すべての聖徒のために、忍耐の限りを尽くし、また祈りなさい」

（エペソ人への手紙6章18節）

●●●

◆144

「信仰と愛を胸当てとして着け、救いの望みをかぶとしてかぶって、慎み深くしていなさい」

「自制」は確かに葛藤を伴う。神に背く言動を控えるために、意志の力を働かせなければならないからだ。

それでも、この戦いでは、あなたはありあまるほどの助けを得ることができる。

あなたの内に住んでおられる聖霊があなたの助け主となるからだ。「御霊の実は、愛と……自制である」

胸当ては戦いの際に、心臓をはじめ命にかかわる器官を保護するためのものだ。「信仰と愛」はひとつに合わさって、きわめて効果的な胸当てとなる。

あなたの救い主であるわたしへの信仰によって、あなたはわたしの「正義」に信頼することができる。それは今も、そして常にあなたのものだ。

愛は、あなたを贖ったわたしとの関係の核心である。

「救いの望み」はすばらしい〝かぶと〟となる。それはあなたの心を守り、あなたが永遠にわたしのものであることを思い起こさせてくれるからだ。

「信仰と希望と愛」はすべてがともに働いて、あなたがこの世を旅するのを守る盾となる。

そして、あなたがずっとわたしのそばにいられるようにしてくれるのだよ……。

●

「しかし、私たちは昼の者なので、信仰と愛を胸当てとして着け、救いの望みをかぶととしてかぶって、慎み深くしていましょう」

（テサロニケ人への手紙第一5章8節）

「しかし、御霊の実は、愛、喜び、平安、寛容、親切、善意、誠実、柔和、自制です。このようなものを禁ずる律法はありません」

（ガラテヤ人への手紙5章22〜23節）

「では、しっかりと立ちなさい。腰には真理の帯を締め、胸には正義の胸当てを着け、足には平和の福音の備えをはきなさい」

（エペソ人への手紙6章14〜15節）

「こういうわけで、いつまでも残るものは信仰と希望と愛です。その中で一番すぐれているのは愛です」

（コリント人への手紙第一13章13節）

■

「わたしはあなたに、心の中にふたつの焦点をもつように教えている――いつもあなたとともにいるわたしと、天国の希望と……」

――『わたしはあなたを決してひとりにしない』

「ですから、あなたがたは、心を引き締め、身を慎み、イエス・キリストの現れのときあなたがたにもたらされる恵みを、ひたすら待ち望みなさい」

（ペテロの手紙第一1章13節）

◆ 145

「雄々しくあれ。わたしがあなたの心を強くする」

わたしはあなたに、確信と固い決意をもって、逆境に立ち向かうように望んでいる。

わたしがついていて、聖霊があなたの内に住んでおられるのだから、あなたが勇敢になるために必要なものはすべてそろっている。

臆病は、わたしの王国のものではない。

現状に打ちのめされそうに感じたら、自分が何者であるかを思い出すといい。永遠なる王の子どもであることを！

あなたを脅《おびや》かしている情況そのものにわたしを招いて、わたしの強い光に力づけられなさい。

あなたが「**雄々しく**」生きることを選択するとき、わたしは喜びに満たされる。

そして「**あなたの心を強くする**」ことでそれに応える。その結果、あなたの勇気も強められる。

天国への旅を続けるには、さまざまな困難と遭遇する覚悟がいる。あなたは壊れた世界で生きているからだ。

わたしに従う人々のあいだで絶対に勇気が必要とされるのは、この理由による。

また、あなたには希望も必要だ。「**心を強くする**」という約束は、「**わたしを待ち望む**」人々へのもの……。

勇気と希望は、わたしの王国では密接に結びついている。

それでわたしは、あなたに「勇気と希望を、終わりまでしっかりと持ち続ける」ように促す。それは黄金よりもずっと貴重なものなのだよ！

●

「雄々しくあれ。心を強くせよ〔主が心を強くしてくださる〕。／すべて主を待ち望む者よ」

（詩篇31篇24節）

「あなたがたは、人を再び恐怖に陥れるような、奴隷の霊を受けたのではなく、子としてくださる御霊を受けたのです。私たちは御霊によって、『アバ、父』と呼びます。私たちが神の子どもであることは、御霊ご自身が、私たちの霊とともに、あかししてくださいます。もし子どもであるなら、相続人でもあります。私たちがキリストと、栄光をともに受けるために苦難をともにしているなら、私たちは神の相続人であり、キリストとの共同相続人であります」

（ローマ人への手紙8章15～17節）

「どうか、世々の王、すなわち、滅びることなく、目に見えない唯一の神に、誉れと栄えとが世々限りなくありますように。アーメン」

（テモテへの手紙第一1章17節）

「しかし、キリストは御子として神の家を忠実に治められるのです。もし私たちが、確信〔勇気〕と、希望による誇りとを、終わりまでしっかりと持ち続けるならば、私たちが神の家なのです」

（ヘブル人への手紙3章6節）

●●●

◆146

わたしの平安は、あなたの疲れた頭をそっといたわる柔らかな枕だ。

あなたの心をさまざまな計画や問題から引き離しなさい。わたしのもとで癒されて、ゆっくり休めるように……。

「イエスさま、あなたを信じておゆだねします」とささやいて、わたしに守られ、心も身体も魂もゆったりとくつろがせなさい。

もしも不安な思いが侵入しようとしたら、「感謝をもって」それをわたしに引き渡すこと。

わたしがあなたのことも、あなたの現状もすべてわかっていることを感謝しなさい。

そしてわたしがあなたを永遠に愛し、常に心を配っていることも……。

自分の問題をあれこれ考えこまないで、こうしたかけがえのない「真理」によって心を一新させなさい。「真理はあなたを自由にする」

あなたが、わたしの平安の中で――わたしに信頼し、感謝して、自分自身を生き生きとよみがえらせるとき、わたしはあなたのための業《わざ》を行う。

あなたがわたしとの絆にとどまりつづけるかぎり、わたしはあなたに進むべき道を示そう。

わたしは、以前は遮断されているように見えた道を切り開いてみせるかもしれない。あるいは、まったく新しい道にあなたを連れていくかもしれない。

忘れてならないのは、あなたは決してひとりで闘っているのではないことだ。

あなたには「**助け主**」がいる。無限の力と、優しい愛と、「**人のすべての考えにまさる**」知恵を備えた助け主が……。

だから「**喜びなさい！**」

●

「すると主は仰せられた。『わたし自身がいっしょに行って、あなたを休ませよう』」

（出エジプト記33章14節）

「いつも主にあって喜びなさい。もう一度言います。喜びなさい。あなたがたの寛容な心を、すべての人に知らせなさい。主は近いのです。何も思い煩わないで、あらゆる場合に、感謝をもってささげる祈りと願いによって、あなたがたの願い事を神に知っていただきなさい。そうすれば、人のすべての考えにまさる神の平安が、あなたがたの心と思いをキリスト・イエスにあって守ってくれます」

（ピリピ人への手紙4章4～7節）

「そこでイエスは、その信じたユダヤ人たちに言われた。『もしあなたがたが、わたしのことばにとどまるなら、あなたがたはほんとうにわたしの弟子です。そして、あなたがたは真理を知り、真理はあなたがたを自由にします』」

（ヨハネの福音書8章31～32節）

「わたしが父のもとから遣わす助け主、すなわち父から出る真理の御霊が来るとき、その御霊がわたしについてあかしします」

（ヨハネの福音書15章26節）

●●●

◆ 147

待つことは、この世の生活の避けられない要素である。

眠れないときに、待つのがいちばんつらい時間帯は夜中だろう。

明け方の曙光《しょこう》を待ち望んでいるのに闇がいつまでも居座っているので、あなたは「**夜明けを待つ夜回り**」になったような気がするかもしれない。

それでも、たとえどんなに夜が長く感じられても、いつかは夜明けが訪れる。

わたしは秩序正しい整然とした世界を創造した。だから、あなたは日が昇るのを期待することができる。

新しい日の夜明けを伴う、こうした期待に満ちた待ち方には学ぶことがたくさんある。

長期にわたる問題と闘っている人たちは、この苦しみが限りなく続くと思ってしまうかもしれない。

それでもわたしの子どもたちには、希望をもつのが当然の理由がある。たとえ、現状はどれほど暗いままであっても――。

必ず、救いがやってくるからだ！ わたしは瞬時に情況を変え、苦しみから解き放つことができる。

それだけではない。わたしに従う者はひとり残らず、天国に続く道を歩んでいる。

時には、夜がたまらなく長く感じられることがある。けれども必ず夜は終わり、暁《あかつき》が訪れる。

同じように、あなたのこの世の旅も——どんなに長く困難に思えても、必ず栄光のうちに終わりを迎えるのだから！

●

「私は主を待ち望みます。／私のたましいは、待ち望みます。／私は主のみことばを待ちます。／私のたましいは、夜回りが夜明けを待つのにまさり、／まことに、夜回りが夜明けを待つのにまさって、／主を待ちます」（詩篇130篇5～6節）

「しかし、私は、正しい訴えで、御顔を仰ぎ見、／目ざめるとき、あなたの御姿に満ち足りるでしょう」（詩篇17篇15節）

「どうか、私たちのうちに働く力によって、私たちの願うところ、思うところのすべてを越えて豊かに施すことのできる方に、教会により、またキリスト・イエスにより、栄光が、世々にわたって、とこしえまでありますように」（エペソ人への手紙3章20～21節）

「太陽がもうあなたの昼の光とはならず、／月の輝きもあなたを照らさず、／主があなたの永遠の光となり、／あなたの神があなたの光栄となる」（イザヤ書60章19節）

●●●

◆148

「わたしのことばは生きていて、力があり、心のいろいろな考えやはかりごとを判別することができる」

聖書のことばは生きて働き、力にあふれているから、人の心を深く動かし、人生をすっかり変えることができる。

わたしはあなたの人生を、聖書の驚嘆すべき真理によって変えてきた。

わたしのことばは常にあなたの内に働いて、あなたを奥底から変えつづけている。

あなたが心の中に「わたしのことば」を蓄えれば蓄えるほど、わたしはあなたをかたどりやすくなる。

あなたが変わるということはすなわち、恵みによって成長する——もっとわたしのようになることだ。

わたしは決して変わらない——「イエス・キリストは、きのうもきょうも、いつまでも、同じです」

それだから、変わる必要があるのはあなたなのだ。ますます「わたしのかたちと同じ姿に」かたどられるために……。

これは栄光に満ちた冒険であり、すばらしい特権なのだよ！

それでもやはり、苦しいときもある。

変化には常にある程度の損失がつきもので、不安を引き起こすきっかけになりやすい。

その特効薬は、わたしの手をしっかりと握って——わたしがあなたのために備えた道を、わたしを信じ頼って、ともに歩むことだ。

「わたしのことばは、あなたの足のともしび、あなたの道の光」

●

「神のことばは生きていて、力があり、両刃の剣よりも鋭く、たましいと霊、関節と骨髄の分かれ目さえも刺し通し、心のいろいろな考えやはかりごとを判別することができます」

（ヘブル人への手紙4章12節）

「イエス・キリストは、きのうもきょうも、いつまでも、同じです」（ヘブル人への手紙13章8節）

「なぜなら、神は、あらかじめ知っておられる人々を、御子のかたちと同じ姿にあらかじめ定められたからです。それは、御子が多くの兄弟たちの中で長子となられるためです」

（ローマ人への手紙8章29節）

「あなたのみことばは、私の足のともしび、／私の道の光です」（詩篇119篇105節）

●●●

◆

149

もしもあなたが長期にわたって、繰り返し現れては消えるような問題を抱えていたら、いつまたそれが起こるかと怯《おび》えるようになってしまうかもしれない。

そうした反応は、事態をさらに悪くするだけなのに――。

問題が再燃して苦しい情況が戻ってくると、あなたはピリピリして敗北感を抱きやすくなる。

その問題が現れる日はすべて悪い日なのだと決めつけるようになる。これはあなた自身を傷つけるネガティブな考え方だ。

わたしがもっと良い方法を教えよう。

その問題が起きていないとき、あるいは大したことがないときは、常に喜んでわたしに感謝しつづけることだ。思い出すたびに、何度でも――。もしも問題が起こったときは、わたしに目を向けて、「わたしへの信頼」を強める。

聖霊に願って、「辛抱強く」、わたしに思いを集中しつづけられるように助けていただきなさい。

こうすることであなたは、ポジティブなこと――「わたしに信頼する」ことを、これまではきわめてネガティブだとみなしていたことに、繋《つな》げることができる。

このことを一貫して行っていけば、あなたは自分がどちらをとっても有利な立場にいることに気づくだろう。

もっと重要なのは、あなたの生活の質を自分の境遇に指図されずにすむことだ。

「いつも喜んでいなさい。辛抱強く祈りなさい。すべての事について、感謝しなさい。たとえ、どんな情況に置かれていても……」

●

「望みを抱いて喜び、患難に耐え、絶えず〔辛抱強く〕祈りに励みなさい」

（ローマ人への手紙12章12節）

「いつも喜んでいなさい。絶えず祈りなさい。すべての事について、感謝しなさい。これが、キリスト・イエスにあって神があなたがたに望んでおられることとです」

（テサロニケ人への手紙第一5章16～18節）

「朝にあなたの恵みを聞かせてください。／私はあなたに信頼していますから。／私に行くべ

き道を知らせてください。／私のたましいはあなたを仰いでいますから」（詩篇143篇8節）

●●●

◆150

「わたしはあなたの中にいるキリスト、栄光の望み」であり、あなたの中に生きているメシヤ——この世の救い主である！

この約束は、わたしを信仰するすべての人のもの……。**「わたしはあなたの信仰によって、あなたの心のうちに住んでいる」**

この驚くばかりの恵みは、**「あなたの内なる人」**に働く聖霊のみわざなのだ。

わたしに信頼すればするほど、あなたは自分の内に住むわたしの存在を楽しむことができる。そしてわたしも、あなたを通してもっと効果的に生きることができる。

ますます希望が失われていくように見える世界にあって、わたしが「栄光の望み」であることを心に刻みなさい。

この希望は、最終的には天国にかかわるもの——。そこであなたはわたしと永遠に生きる。

とはいえ、天国の栄光の光はあまりにも輝かしいので、光の一部は現在のあなたにも届いている。たとえ、あなたの置かれている情況がどんなに暗く見えても……。

わたしは「やみの中に輝いている」光である。**「やみはこれに打ち勝たなかった」**

あなたがわたしの義をまとい、わたしに従っていのちの道を歩むなら、この光は「**いよいよ輝きを増して真昼となる**」。

「神は聖徒たちに、この奥義が異邦人の間にあってどのように栄光に富んだものであるかを、知らせたいと思われたのです。この奥義とは、あなたがたの中におられるキリスト、栄光の望みのことです」（コロサイ人への手紙1章27節）

「どうか父が、その栄光の豊かさに従い、御霊により、力をもって、あなたがたの内なる人を強くしてくださいますように。こうしてキリストが、あなたがたの信仰によって、あなたがたの心のうちに住んでいてくださいますように」（エペソ人への手紙3章16～17節）

「光はやみの中に輝いている。やみはこれに打ち勝たなかった」（ヨハネの福音書1章5節）

「義人の道は、あけぼのの光のようだ。／いよいよ輝きを増して真昼となる」（箴言4章18節）

聖句索引

訳　者

佐藤知津子（さとう・ちづこ）

日本同盟基督教団教会員。
おもな訳書に、『ファイナル・ウィーク』『イエスのように』『希望の数字３・16』『ダビデのように』『あなたをひとりで逝かせたくなかった』『愛という名の贈り物』『わたしは決してあなたをひとりにしない』『ほんとうの天国』『聖霊に導かれて歩む366日』『教えて神さまのこと』（以上、いのちのことば社）などがある。

わたしの希望があなたを永遠に守る
――主の愛に思いを馳せる150の黙想

2015年１月１日発行
2021年２月20日３刷

著　者　サラ・ヤング
訳　者　佐藤知津子
装　丁　クリエイティブ・コンセプト
印刷製本　モリモト印刷株式会社
発　行　いのちのことば社
〒164-0001 東京都中野区中野2-1-5
電話 03-5341-6923（編集）
03-5341-6920（営業）
FAX03-5341-6921
e-mail:support@wlpm.or.jp
http://www.wlpm.or.jp/

ISBN 978-4-264-03277-9